Manipulationstechniken

–

MANIPULIEREN MIT ERFOLG

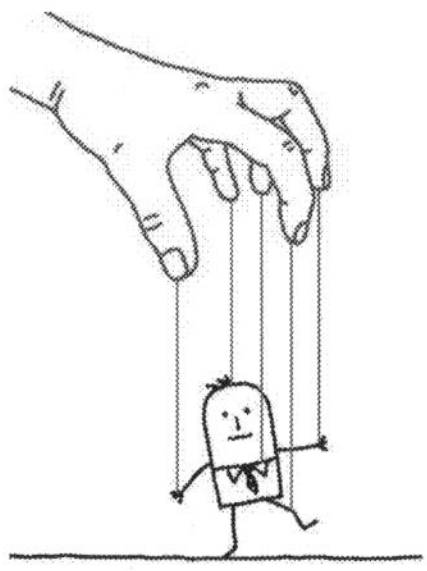

Wie Sie geheime Manipulation erkennen, geschickt Menschen lenken & die Zügel ab jetzt selbst in die Hand nehmen!

Inkl. NLP & Rhetorik für Anfänger.

GREGOR KRAFT, **Psychology P.**

1. Auflage 2019

GREGOR KRAFT, Psychology P.

https://great-books4you.com
1. Auflage 2019

ISBN: 978-3-96709-003-1

Inhalt

Vorwort

Gregor Kraft

„Nehmen Sie die Zügel in die Hand, bevor Sie sie an andere verlieren!“

„Ich habe das Gefühl, dass ich manipuliert werde“, „irgendwie habe ich mich wohl dazu überreden lassen“ „Menschen richtig einzuschätzen, fällt mir eher schwer“, „mir fehlen oft die passenden Worte und Argumente, um andere überzeugen zu können“.

Plagen Sie auch des Öfteren solche Gedanken? Damit sind Sie nicht allein! Viele Menschen haben Probleme damit, sich im Alltag sowie der harten Berufswelt durchzusetzen. Auch ich hatte vor allem in meinen Jugendjahren Probleme damit, andere richtig einzuschätzen und zu merken, wer Freund und wer Feind ist. Doch das musste ich in meiner Ausbildung recht schnell lernen! Und so begann mein Interesse für das Gebiet der Manipulation.

Mein Vater lehrte mir bereits, als ich noch ein Kind war, viele interessante Dinge über den Menschen und die Psychologie. Mehr und mehr verstand ich psychologische Zusammenhänge und dachte, dass ich ganz gut informiert sei. Doch als ich dann als kleiner, unerfahrener „Fisch" ins kalte Wasser geworfen wurde, musste ich mich eines Besseren belehren lassen. (Ich würde sagen, es war kein „Wässerchen", sondern ein richtiges Haibecken! Zumindest empfand ich das so).

Da stand ich nun vor dem kahlen Gebäude aus Beton und Glas, trat den ersten Tag meiner Ausbildung an und war voller Vorfreude und Elan. Ich bekam schnell zu spüren, dass man auf dieser Arbeit keine Freunde finden würde. Selbst unter den Auszubildenden herrschte ein klarer Konkurrenzkampf. Als ich dann Tag für Tag merkte, wie schwer diese Ausbildung wirklich werden würde, verschwand mein anfänglicher Enthusiasmus langsam. Ich war sogar kurz davor, die Ausbildung abzubrechen und in eine ganz neue Richtung zu gehen. „Vielleicht in die soziale", malte ich mir aus. „Ja, genau. Soziale Arbeit wäre doch was, denn dabei stößt man sich gewiss nicht gegenseitig die Köpfe ein!" Ich überlegte in ein Berufsfeld zu wechseln, in dem Erfolg und Finanzen keine Rolle spielen würden…

Mein Vater bemerkte sofort, dass etwas mit mir nicht stimmte und ich meine Leichtigkeit verlor. Ich muss dazu sagen, dass ich sonst ein sehr lockerer und humorvoller Mensch bin, doch zu diesem Zeitpunkt war ich wirklich niedergeschlagen und unsicher.

„Gregor, du musst noch viel lernen", sagte mein Vater und klopfte mir auf die Schulter. Manche Dinge müsse man selbst erfahren und durchmachen, ehe man sie verstehen würde. Nach diesen Worten und ein paar innigen Umarmungen entschied ich mich, weiterzumachen und durchzuhalten. Schnell lernte ich das Spiel auf der Arbeit mitzuspielen. Die Regeln lauteten „Leistungsdruck, Erfolg und Pokerface". Mein Ziel war es, die Karriereleiter wirklich aufzusteigen und sofort nach der Ausbildung eine höhere Position zu erlangen. Das gelang mir im Übrigen auch.

„Schneller, besser, weiter", das war mein Slogan und so war ich lange Zeit getrieben vom Erfolg. Ich verschlang ein Buch nach dem anderen über Themen wie die Manipulation, die Motivationspsychologie oder darüber, wie man seine Ziele schneller erreichen könne.

Ich gestehe, dass es mir nicht immer gelang, der Beste zu sein und auch, dass ich schon oft auf andere reingefallen bin in

meinem Leben. Da war der eine nette Kollege, der vorgab, mein bester Freund zu sein und mir dann meine grandiose Idee stahl. Die hatte ich ihm vorher anvertraut. Natürlich würde er darüber schweigen, meinte er. Ehe ich dem Chef von meinem neuen Konzept erzählen konnte, tat er es. Ich traute meinen Augen nicht, als ich meinen damaligen Kollegen – einen meiner besten Freunde - dann selbst im Büro sah. Dort saß er, meinem Chef gegenüber, welcher ihm dankbar auf die Schulter klopfte. Unser Boss verkündete dann den Einfall meines Kollegen sofort in einem Meeting, das er spontan beschloss.
Ich muss kreidebleich gewesen sein, als ich im Raum saß und mir anhörte, wie unser Chef die vermeintliche Idee meines Kollegen verkündete. Unser Boss bat alle darum, die selbst entwickelten Methoden zur Prozessoptimierung meines besten Freundes sofort umzusetzen.
Das war ein Punkt in meinem Leben, an dem ich feststellte, dass ich noch viel lernen müsse. Selten habe ich einen so perfekten Lügner gesehen, der es auch noch drauf hatte, mich während des ganzen Theaters arglos anzugrinsen. Die Gehaltserhöhung nahm er schnell an und wurde nach wenigen Wochen in eine andere Filiale versetzt, in der man solche „Denker“ wie ihn gebrauchen könne.

Jetzt denken Sie sich bestimmt, dass ich mich geärgert habe. Oh, ja! Das habe ich auch, und wie, da gebe ich Ihnen Recht. Aber ich habe meinen Kopf nicht hängen gelassen. Denn ich wusste, dass es mich stärker machen würde. Dass es mein innerer Ansporn wäre, selbst zu einem großartigen Menschenkenner zu werden. Wissen Sie, das Schöne ist, dass ich trotz meiner schlechten Erfahrungen nie das Vertrauen in die Menschen verlor. Jeder macht Fehler und verdient eine zweite Chance. Damit Ihnen so etwas wie mir damals nicht passiert und Sie schnell die Karriereleiter hochklettern können, habe ich dieses Buch geschrieben. Es ist Ihre Waffe! Denn „Wissen ist Macht", wie man so sagt.

Manipulation findet nicht nur im Beruf statt, sondern auch im Alltag. Sensibilisieren Sie sich für Lügensymptome und versuchte Manipulationen. Lernen Sie, andere zu durchschauen und zu lenken, damit Sie nicht die Kontrolle an die anderen verlieren. Da ich viel lernen durfte und es mir schnell gelang, im Haifischbecken mit zu schwimmen, teile ich meinen Erfahrungsschatz nun mit Ihnen. Vielleicht geht es Ihnen gerade ähnlich wie mir in meinen jungen Jahren. Dann hoffe ich, dass mein Buch Sie darin unterstützt, das zu bekommen, was Sie wollen und Manipulationen erfolgreich von sich abzuwenden.

Dazu habe ich die besten und effektivsten Strategien sowie Methoden in meinem großen Ratgeber für Sie zusammengefasst. Im Kapitel „Gratis Download" stelle ich Ihnen zudem ein NLP-Übungsheft für eine Woche zur Verfügung, das zur Vertiefung und praktischen Übungen des Neurolinguistischen Programmierens dient.
Ich hoffe, dass auch Sie genau so stark wie ich für die Psychologie des Menschen brennen und wünsche Ihnen nun viel Spaß beim Lesen!

Denn die Freude darf auch bei einem eher sachlichen Thema wie die der wissenschaftlichen Psychologie nicht fehlen. Bevor Sie nun zu lesen beginnen und sich somit wertvolles Wissen aneignen, bitte ich Sie, verantwortungsbewusst damit umzugehen. Nutzen Sie die vorgestellten Techniken nur dafür, um einen Vorteil für beide Parteien zu schaffen, also für Sie UND Ihr Gegenüber.

Der Verlag, über den ich meine Bücher veröffentliche

Meine persönliche Widmung

Dieses Buch widme ich meinem Vater, der stets mein größtes Vorbild war und immer noch ist.
Er bleibt in jeder schwierigen Situation äußerst souverän und hat mich gelehrt, lösungsorientiert zu denken sowie andere Menschen zu respektieren.

Trotz seines beruflichen Erfolgs kamen für ihn Kinder und Familie immer an erster Stelle. Ich erinnere mich an stundenlange, interessante Gespräche in lauen Sommernächten, bei denen ich sehr viel von meinem Vater lernen durfte.

Ich kenne keinen Menschen, der innerlich so stark ist, so ehrlich ist und anderen mit so viel Respekt begegnet wie mein Vater.
Er hat mich zu der Person gemacht, die ich heute bin und dafür möchte ich ihm von Herzen danken.

Einleitung

Es gibt Menschen, die werden von allen Seiten bewundert, jeder tanzt nach ihrer Pfeife und sie haben offensichtlich jedermann im Griff! Wie schaffen diese Menschen das? Fragen Sie sich, ob Sie das auch erreichen können? Und wäre es nicht schön, wenn Sie Lügner - egal ob im Arbeits- oder Privatleben – durchschauen können?

In diesem Buch erfahren Sie anhand welcher nützlichen Tipps und effektiven Methoden, Sie Menschen beeinflussen und Unwahrheiten entlarven können. Außerdem hilft Ihnen dieser Ratgeber dabei zu erkennen, ob und wann Sie selbst von anderen manipuliert werden.

Der Begriff *Manipulation* hat seinen Ursprung im Lateinischen (*manus* = Hand und *plere* = füllen). Es ist die Rede davon, etwas oder jemanden in der Hand zu haben. Wörtlich übersetzt lautet es: „Man hat eine Handvoll (von etwas)" oder „man macht einen Handgriff".

Zu diesem Aspekt erzähle ich Ihnen später mehr. So viel sei jedoch verraten: Manipulation ist abhängig von den involvierten Menschen sowie ihrer Erziehung, dem Standpunkt, der Haltung zu bestimmten Themen oder ihrer Meinung. Die Laune eines Menschen und seiner Tagesform spielen ebenfalls eine wichtige Rolle. Einen weiteren Einfluss nehmen Umgebung, Düfte sowie die Beziehung der Personen zueinander. Magier und Zauberer sind Koryphäen in Sachen Manipulation. Wenden auch Sie die Manipulation wie eine Magie an! Hierbei spielen zudem mathematische und psychologische Tricks eine elementare Rolle. Die Zuschauer werden mithilfe einer optischen Täuschung und anderen irrelevanten Gegebenheiten, die ablenken sollen, irritiert. So wird die bedeutsame Szenerie vor den Augen der Zuschauer versteckt. Solche Tricks werden genutzt, um den Zuschauer in eine Illusion zu versetzen.

„Was die Augen sehen und die Ohren hören, glaubt meist der Geist“

-Harry Houdini, Künstler der Zauberei

In diesem Buch führe ich Sie ein in die spannende Welt der Manipulation als einen Teil der Psychologie beziehungsweise Kommunikation. Ich gehe auf deren Grundlagen ein und verrate Ihnen in einem späteren Kapitel spannende und effektive Manipulationstechniken für Ihren Alltag und Beruf. Außerdem lernen Sie, nicht nur andere Menschen zu beeinflussen, sondern auch, wie Sie sich vor den verschiedensten Arten der Manipulation schützen und welche Fehler Sie bei der Kommunikation vermeiden sollten. Spannende Themen wie das Manipulieren mit Ausstrahlung, geschicktem Small Talk & das Entlarven von Lügen warten darauf, von Ihnen entdeckt zu werden.

Als besonderes Highlight finden Sie in meinem Ratgeber eine Einführung in das Neurolinguistische Programmieren (NLP), was Sie nicht nur nutzen können, um andere zu lenken, sondern auch, um sich selbst zu optimieren beziehungsweise Ihr Unterbewusstsein zu kontrollieren.

Viel Vergnügen beim Lesen und Eintauchen in die geheimnisvolle Materie!

Definition Manipulation

Manipulation wird als Technik und Handhabung definiert. Im weiteren Sinne findet der Begriff Manipulation Anwendung in Politik, Soziologie und Psychologie. Es wird als verdeckte, gezielte Einflussnahme beschrieben, mit der man detailliert auf das Verhalten von Gruppen und Einzelpersonen einwirken kann, ohne dass dies bemerkt wird. Das Ziel der Manipulation ist es, jemanden zu täuschen und in die gewünschte Richtung zu lenken. Um die Kunst der Manipulation wirklich („perfekt") zu beherrschen, benötigt man eine jahrelange Erfahrung und Praxis. Zudem muss man selbst über eine zuverlässige Intuition verfügen. Eine Garantie, dass die Manipulation greift, gibt es jedoch auch dann nicht. Menschen sind individuell und reagieren demnach unterschiedlich.

Die Gesamtsituation muss bei einer Manipulation berücksichtigt werden. Hierzu zählen auch Dinge, die sich nicht beeinflussen lassen wie z. B. Niederschlag, Klima oder Geräuschkulisse. Im besten Falle ist man gut vorbereitet und prüft, welche Kniffe wirksam sein könnten und über welche Hindernisse man stolpern könnte.

Was ist eigentlich Psychologie?

Manipulation als solches gehört im Rahmen der Kommunikation zum großen Themenfeld der Psychologie. Darum erläutere ich Ihnen das Gebiet der Psychologie kurz und knapp.

Verhalten und Erfahrungen des Menschen sind in der Psychologie elementare Grundbausteine. Es geht um die Erforschung der Grundlagen, die sich mit theoretischen Ansätzen befasst und um praktisch angewandte Psychologie, mit der die Probleme gelöst werden sollen.
Es existieren zahlreiche psychologische Felder. Mitunter gibt es Aspekte, die sich an die Prinzipien der Physik halten. Hier wird hauptsächlich mit experimentellen Handlungen gearbeitet. Es wird versucht, die psychologischen Gesetzgebungen mathematisch aufzuschlüsseln.
Ein anderes Feld in der Psychologie betrachtet den Menschen in biologischer Hinsicht. Der Mensch wird in diesem Bereich als Säugetier dargestellt, das sich entsprechend verhält und sich selbst erlebt. Die Grundlage der Physiologie fokussiert sich auf verschiedene Gehirnareale.
In der Betrachtung der Psychologie, im Bereich der Geisteswissenschaften, steht vor allem die Persönlichkeit eines Menschen im Vordergrund.
Die sogenannte Alltagspsychologie besteht hingegen aus Mythen, die sich bis heute halten. Jeder ist sozusagen sein eigener Psychologe. Vor allem diverse Thesen über die Unterschiede zwischen Frauen und Männern finden in der Alltagspsychologie Anklang. Diese naiven Vermutungen, die aufgestellt werden, gelten als wahr, da sie weit verbreitet sind. Solche Glaubenssätze werden noch bestärkt, wenn Menschen Erfahrungen machen, die zu diesen passen.
Vor allem Auswertung und Datenerhalt machen den Unterschied zwischen der naiven Alltagspsychologie und der wissenschaftlich belegbaren. Die Alltagspsychologie beschäftigt sich ausschließlich mit Zufällen, die von den Menschen als zusammenhängende Fakten wahrgenommen werden. Dahingegen befasst sich die wissenschaftliche Psychologie mit Auswertungen, die nachvollziehbar sind und nachweislich dargelegt werden. Die

Annahmen der Alltagspsychologie sind unbelegt, wohingegen die wissenschaftliche Psychologie klar dokumentiert ist. In der Alltagspsychologie spielt die eigene Meinung eine erhebliche Rolle. Die wissenschaftliche Psychologie basiert auf objektiven Darstellungen.

Das Ziel der wissenschaftlichen Psychologie ist ein besseres Verstehen der eigenen Psyche. So können Situationen bewertet und dem Menschen geholfen werden. Die Alltagspsychologie hilft ebenfalls, und zwar bei einem einfachen Zurechtfinden im Alltag, birgt aber Gefahren von Unwahrheiten. Alltagspsychologie ist nicht prinzipiell negativ zu verstehen. Jedoch sollte nicht alles geglaubt und als Fakt angenommen werden, was man so hört.

Die richtige Kommunikation für erfolgreiche Manipulation

Die Kommunikation dient sozusagen als Schlüssel für die Welt der Manipulation. Wer nicht kommunizieren kann, kann auch nicht manipulieren. Die Kommunikation wird in 3 Areale unterteilt: verbal, paraverbal und nonverbal.

Verbale Kommunikation: sprechen und schreiben
Paraverbale Kommunikation: wie man etwas sagt
Nonverbale Kommunikation: Faktoren ohne Sprechen wie das Aussehen, die Gestik/Mimik, das Verhalten, Einstellungen, Gefühle

Kommunikation durch Körpersprache: Man kann nicht nichts sagen! Denn der Körper verrät eine ganze Menge über die Botschaften, die wir dem Gegenüber mitteilen. Durch Mimik und

Gestik, Verhalten, Blicken und Bewegungen verrät der Sender viel über sich selbst und seine Meinung.

Die Sprache unseres Körpers ist ein wirksames Medium. Sie ist wichtig, damit Sie ein Gespür dafür bekommen, wie Sie wirken und wie Sie von Ihrer Umgebung wahrgenommen werden. Sie überzeugen Menschen am besten von Ihrer Ansicht, indem Sie sie glauben lassen, Ihre Haltung sei die einzig richtige.

Offene Körperhaltung, gerader Rücken und Kopf!

Ihre Haltung muss Selbstsicherheit zeigen und ganze Überzeugungsarbeit leisten. Wenn Sie nicht das ausstrahlen, was Sie anderen vermitteln wollen, wird sich niemand von Ihnen leiten lassen!

Je nach Situation können Sie mit anderen Tricks der Körpersprache punkten. Ein lasziver Augenaufschlag eignet sich hervorragend für ein Date. Nicht aber, wenn Sie Ihren Partner in einer heiklen Situation von etwas überzeugen möchten. Das Gegenüber von sich selbst zu überzeugen, bleibt jedoch bei beiden Situationen dieselbe Intention. Mit der Körpersprache können Sie wichtige und meist unmissverständliche Signale senden. Sie ist ein wichtiges Medium im Bereich der menschlichen Kommunikation.

Beispiel: Sie sind mit Ihren Kumpels unterwegs, um einen lustigen Abend zu erleben. Der Alkohol hat die Stimmung bereits etwas aufgelockert, aber so ganz will das mit dem Flirten bei Ihnen noch nicht funktionieren. Keine Sorge! Schauen Sie sich um! Gefällt Ihnen eine der anwesenden Damen? Hervorragend! Sehen Sie in Richtung Ihrer Herzdame. Wenn sie Sie auch sieht, lächeln Sie doch einfach. Fährt Sie sich durchs Haar und lächelt zurück? Perfekt! Der erste Schritt ist getan, denn sie zeigt ebenfalls Interesse. Wenn dann einer von Ihnen den ersten Schritt macht - manchmal dauert das eine Zeit - versuchen Sie sie beiläufig zu berühren (einen unsichtbaren Fussel verscheuchen, einen Krümel vom Arm schubsen etc.). Wenn Sie diese „zufällige Berührung“ spiegelt und Sie imitiert, ist das ein toller Erfolg.

Noch ein Beispiel: Ein Kollege spricht mit Ihnen über den Vorgesetzten und erzählt, dass er Mist gebaut hat. Im Eifer des Gefechtes habe er die Kalkulation für den gesamten Monat verlegt. Er macht eine eindeutige Geste, indem er sich mit dem Zeigefinger über die Kehle fährt. Diese Art der Körpersprache wird in ernsten Momenten verwendet, wenn Ärger droht oder gar die Existenz gefährdet ist, aber auch bei zynischen Scherzen.

Was die „richtigen“ Körper-Signale sind: Eine offene, positive Haltung. Die Arme möglichst nicht verschränkt (wirkt eher abweisend oder gelangweilt)! Stattdessen lächeln und freundlich schauen, die Arme locker halten!

Kommunikation durch Mimik: Mimik = sichtbare Veränderungen der Gesichtspartien. Beispiele hierfür sind: lächeln, Nase rümpfen, weinen, geschlossene Augen und alles, was sich im Gesicht ablesen lässt.

Bei der Mimik erkennt man den Gemütszustand des Gegenübers vor allem am Mund und in der Augenpartie. Kleinste Bewegungen, die Sie oftmals selbst nicht bewusst wahrnehmen, verändern Ihren Gesichtsausdruck und spiegeln Ihren Gemütszustand wider.

Gestik: Als Gestik bezeichnet man die Gesamtkommunikation des Körpers. Vorrangig geht es in der Kommunikation bei der Gestik um die Bewegung von Händen, Armen und des Kopfes. Durch verschiedene Bewegungen drücken Sie Ihren Gemütszustand gut sichtbar für andere aus.

Haltung: Die Haltung beschreibt Ihre Bewegungsart, wie Sie stehen oder sitzen. Sind einzelne Muskeln angespannt, liegt vermutlich Ärger in der Luft. Haben Sie eine lässige, angenehme Haltung, sind Sie entspannt. Die Position der einzelnen Körperteile, meist im Rumpfbereich, zeigt Ihren Mitmenschen, wie es Ihnen geht.

Distanzzonen: Die Distanzzone beschreibt den Abstand zu einem anderen Menschen, den Sie für sich als angenehm oder unangenehm empfinden. Das Gedränge in Bus und Bahn haben Sie sicherlich schon erlebt. Wünschen Sie sich in solchen Situationen nicht eine größere Distanzzone? Bei Menschen, die Sie kennen und Ihnen wohlgesonnen sind, verringert sich hingegen die Distanzzone.

Kleidung: Als Erstes nehmen Sie an einem Menschen die Kleidung und äußere Erscheinung wahr. Gutaussehende Menschen, die zudem lächeln werden als sympathisch eingestuft. Schlecht gekleidete Menschen werden zum Teil für inkompetent und ungepflegt gehalten. Spärlich gekleidete Damen können oftmals Produkte besser an den Mann bringen als weniger aufreizend gekleidete Frauen. Die Situation, in die Sie sich begeben, ist die Basis für Ihre Kleidung. Sie bestimmt vorrangig, was Sie tragen können und was nicht. Kleidung sollte also primär angemessen sein.

Umgangsformen: Die Anpassungsfähigkeit in jeder Situation ist grundlegend für Ihren Alltag. Dabei geht es nicht ausschließlich um Kleidung oder Gestik. Ein wichtiger Aspekt ist die richtige Umgangsform. Beim Mittagessen mit der Großmutter sollten Sie vielleicht nicht von Ihrer neuesten Eroberung erzählen. Auf der Party unter Freunden können Sie dies kundtun, auf der Firmenfeier wiederum sollten Sie es aber vermeiden sowie auch zu tief ins Glas zu schauen. Je nach Situation benötigen Sie daher andere Umgangsformen. Beim gemeinsamen Geschäftsessen mit dem Chef sollten Sie auf Speisen zurückgreifen, die Ihnen schmecken, die aber auch wenig Potenzial bieten, sich vor Ihrem Chef und anderen Anwesenden zu blamieren. Bestellen Sie Gerichte, die „leicht" zu essen sind und am besten nicht krümeln. Einer Dame beim ersten Date die Tür des Autos zu öffnen ist nicht nur charmant, sondern kann auch den weiteren Verlauf des gemeinsamen Abends beeinflussen. Der Knigge zum Beispiel bietet Ihnen eine gute Gelegenheit, sich diverse Gepflogenheiten anzuschauen. So treten Sie garantiert korrekt auf und punkten mit einer außerordentlich guten Umgangsform.

Sprache und Sprechweise: Die verbale und paraverbale Kommunikation, also Ihre Sprache und die Art wie Sie sprechen, sind eng miteinander verbunden und beeinflussen sich gegenseitig in Bezug auf den idealen Informationsaustausch. Das, was Sie sagen, drückt mitunter aus, was Sie fühlen. Die Haltung Ihres Gegenübers kann durch ein ideales Einsetzen Ihrer verschiedenen Kommunikationsformen bestens manipuliert werden. Im Bereich der Sprechweise gibt es kleine und größere Unterschiede wie das Sprechtempo, die Lautstärke beim Sprechen, das Betonen von Worten, gezielte Pausen oder Laute (ah, oh, uh). Jedes einzelne „Stilmittel" verhilft zur Unterstützung Ihrer Aussage. Ein wichtiges und gezielt einzusetzendes Stilmittel ist die Rhetorik. Diese Sprechweise basiert auf der Gegebenheit der Manipulation.

Das Vier-Seiten-Modell der Kommunikation

Das Vier-Seiten-Modell, nach dem Psychologen Friedemann Schulz von Thun begründet, ist ein elementarer Teil der Kommunikation. Das Modell vertritt die Theorie, dass eine einzige Nachricht aus vier verschiedenen Blickwinkeln betrachtet werden kann.

Beispiel: Ein junges Pärchen kauft Lebensmittel für das gemeinsame Kochen ein. „Da kommen Zwiebeln rein!", sagt der Mann. Die Frau erwidert: „Kochst du oder koche ich?" Sie haben eine solche Situation vielleicht schon einmal erlebt. Ihr Gegenüber tätigt eine Aussage und Sie reagieren beleidigt und fühlen sich angegriffen. Etwas Schlimmes wurde aber nicht gesagt. Über das Vier-Seiten-Modell erfahren wir genauer und aus verschiedenen Perspektiven, was in dieser Situation geschehen ist. Der Mann sendet die erste Nachricht, er wird als Sender benannt. Die Frau ist Empfängerin, an die die Nachricht gesendet wird.

Er sagt: „Da kommen Zwiebeln rein."

Die Nachricht umfasst vier verschiedene Seiten. Was genau bedeutet das?

Antwort: In einer Nachricht sind vier verschiedene Betrachtungsweisen enthalten.

1. Der **Sachinhalt** erklärt, um welches Thema es geht.

In das Essen kommen laut Rezept Zwiebeln hinein.

2. Nun zu der zweiten Betrachtungsweise: Die **Beziehungsbotschaft**. Diese besagt, was der Sender vom Empfänger hält und in welcher Beziehung sie zueinanderstehen. In diesem Beispiel denkt der Mann, dass seine Frau Hilfe bei der Zubereitung benötigt. Der Mann glaubt, besser zu wissen, welche Zutaten in das Gericht gehören als seine Freundin. Die Beziehung wird nicht ganz deutlich. Er könnte auch glauben, dass sie die Zutat nicht im Sinn hatte.

3. Die dritte Botschaft - die sogenannte **Selbstkundgabe** - bezeichnet das, was jeder von sich preisgibt. Die Botschaft des Senders beinhaltet stets einen Teil seiner Persönlichkeit. Auch bewusste Signale wie Freude oder Ärger können mittels der Selbstkundgabe übermittelt werden.

Im erwähnten Beispiel gibt der Mann kund, dass er sich sicher sei (dass Zwiebeln reinkommen).

4. Die letzte und damit vierte Seite des Vier-Seiten-Modells bezeichnet man als **Appell**. Dieser wird dazu verwendet, um das Gegenüber zu beeinflussen. Man möchte, dass jemand anderes etwas unterlässt, macht oder über eine bestimmte Gegebenheit sinniert. Hierbei kann es sich um verborgene oder offenkundige Manipulation handeln.

Im vorliegenden Beispiel kann es bedeuten, dass er möchte, dass sie an die Zwiebeln denkt und diese nicht vergisst, da sie eine Bedeutung für den Garanten des Rezeptes haben.

Wie werden diese Botschaften nun von der Frau bzw. dem Empfänger aufgefasst?

Die Manipulation ist am effektivsten, wenn alle vier Seiten nach dem Modell von Schulz von Thun berücksichtigt werden. Wollen Sie sympathisch wirken? In diesem Fall ist es wichtig, Ihre Botschaft möglichst genau und unmissverständlich zu vermitteln. Das Modell besagt nicht nur, dass der Sender vier verschiedene Botschaften übermittelt, der Empfänger nimmt auch jede mit einem unterschiedlichen „Ohr" wahr. Hier müssen Sie vor die verwendeten Botschaften einfach nur das Wort der jeweiligen Botschaftsebene anhängen, wie z. B. bei der Seite der Beziehungsbotschaft als „Beziehungs-Ohr". Der Empfänger nimmt die Botschaft mit dem Ohr wahr, das er gerade eingestellt hat.

Sach-Ohr: Botschaft wird aufgenommen, gehört und verarbeitet. Im Beispiel könnte die Freundin das so analysieren: „Da kommen Zwiebeln rein! Also gehört diese Zutat in das Rezept".

Beziehungs-Ohr: Wie steht mein Gegenüber zu mir?

Die Freundin könnte die Erwähnung als Manko ihrer Vergesslichkeit auffassen oder so, dass sie unbeholfen sei und nicht nach Rezept kochen könne. Die Frau erwidert: „Koche ich oder kochst du?"

Selbstkundgabe-Ohr – Mit diesem werden ein Teil der Persönlichkeit und der Gefühlszustand des Senders wahrgenommen.
Im vorliegenden Beispiel könnte die Frage der Freundin lauten: "Dachtest du, ich würde die vergessen?"
Appell-Ohr: Bei diesem Ohr erkennt der Empfänger die Forderung. Er überlegt, wie er im weiteren Verlauf handeln kann. In dem Beispiel könnte die Frau selbst die Zwiebeln in den Einkaufswagen legen (dann wäre der Appell gelungen!).
Eine Nachricht hat immer verschiedene Botschaften in sich vereint. Als Sender ist es wichtig, dass Sie entscheiden, welcher Aspekt der Kommunikation angesprochen werden soll. Der Empfänger entscheidet sich im besten Fall für das richtige Ohr, um die Nachricht entsprechend zu verarbeiten.
Dieser Vorgang beugt Kommunikationsdefiziten vor. Sie können sich vorstellen, wie schnell Missverständnisse und Kommunikationsstörungen entstehen können! Wenn Sie also richtig manipulieren möchten, müssen Sie zunächst Ihre Kommunikation verbessern und anpassen. Hierfür sollten Sie auf den Ton Ihrer Stimme achten, auf Ihre Ausdrucksweise sowie darauf, welches „Ohr" der Empfänger für Ihre Botschaft gespitzt hat.

Kommunikationsstörungen beim Manipulieren vermeiden

Beispiel für eine Kommunikationsstörung: Sie fragt ihn: „Was hast du denn in die Suppe getan?". Er antwortet: „Ich esse deine Suppe, wenn du sie nicht möchtest!" (Der Mann hat es in diesem Fall so verstanden, dass die Suppe seiner Liebsten nicht schmeckt.

Aber sie könnte auch aus Neugier gefragt haben, weil sie die Suppe wirklich köstlich findet).

Noch ein Beispiel für eine Kommunikationsstörung: Er fragt: „Weißt du, wo mein Brief ist?". Sie antwortet: „Ich habe die Post nicht geholt!" (Sie versteht seine Frage als eine Art Vorwurf. Der Mann hat lediglich gefragt, wo der Brief ist, da er ihn verlegt hat).
Lösung: Erkundigen Sie sich danach, ob Ihr Gegenüber Sie richtig verstanden hat, und bleiben Sie höflich, wenn Sie etwas falsch eingeordnet haben, beziehungsweise lassen Sie eine Korrektur zu. Sie bringen dadurch zum Ausdruck, dass Sie sich aufmerksam für Ihre Mitmenschen interessieren. Das schafft eine vertraute Umgebung. Das Interesse und das Vertrauen bieten eine ideale Basis für die erfolgreiche Manipulation.
Heutzutage entstehen zudem Kommunikationsstörungen aufgrund unterbrochener und fehlerhafter Informationen, die die moderne Technik verschuldet. Beispiele hierfür sind: T9, auch bekannt als Autokorrektur im Smartphone, unterbrochene Funkverbindungen und Übertragungsfehler.

Wann habe ich zuletzt eine Kommunikationsstörung festgestellt?

____

____

Dies wäre eine geeignete Lösung für die oben geschilderte Kommunikationsstörung:

Wie Sie sich schützen vor der Manipulation

Damit Sie sich erfolgreich vor Manipulation und der Einflussnahme Fremder schützen können, müssen Sie diese einordnen und bewusst erkennen können.

Werbepsychologie: Die Werbung ist voll von Manipulation. Betörende Angebote, Farben, Assoziationen, attraktive Menschen („Sex sells") und den Bezug zu traumhaft verführerischen, französischen Baguettes gibt es in der Werbung zuhauf. Vorrangig geht es darum, dass der Verbraucher exakt das beworbene Produkt ausprobiert, kauft und bestenfalls weiterempfiehlt. Ein grüner Hintergrund in der Werbung wirkt beruhigend. Das Blau lässt den Menschen an Harmonie und Frische denken. Rot ist eine stimulierende Farbe. Sie wird sowohl für Liebe verwendet, als auch als Farbe der Gefahr (Alarm). In

Bezug auf Logos und Firmenauftritte wird auf die Farbsymbolik gern zurückgegriffen.
Selbst die gewählte Schriftart kann ausschlaggebend sein. Eine kursive, serifenbetonte Schreibschrift wirkt anmutig und gefühlvoll (Liebesbrief). Klare Buchstaben und geometrische Formen ohne Serifen stehen eher für Seriosität wie bei einer Bank oder Versicherung. Die jeweilige Schriftart sollte passend zum Firmenauftritt, den angebotenen Produkten, dem Logo und der Unternehmensphilosophie sein.
Ein gutes Beispiel aus der gekonnt platzierten Werbung betrifft das Einkaufen im Supermarkt. Hier werden Sie durch Platzierungen auf Augen- und Greifhöhe exakt zu dem Produkt gelotst, das man verkaufen will. Als sogenannte Stopper bezeichnet man Produktplatzierungen, die sich unausweichlich in Ihrem Weg befinden. Diese sollen Sie kaufen und nicht einfach daran vorbeigehen. Die Platzierung von Süßwaren im Kassenbereich ist ebenfalls kein Zufall. Bei Kindern werden hier Bedürfnisse hervorgerufen (diese wollen sie meist unbedingt haben) und nicht selten fließen Tränen oder das Geschrei bricht los, wenn verzweifelte Eltern ihrem Nachwuchs klarmachen wollen, dass es das jetzt nicht gibt. Die Gesamtheit der Werbung ist auf Manipulation ausgelegt. Machen Sie sich diese Tricks bewusst und beenden Sie damit die Tücken der Werbepsychologie.
Ein guter Tipp ist das Schreiben eines Einkaufszettels. Kaufen Sie nur die Dinge, die Sie wirklich brauchen! Beachten Sie, dass nichts im Einkaufswagen liegt, das nicht auf Ihrer Liste notiert ist. Auf diese Weise weichen Sie den Manipulationen der Werbung aus!
Selbst wenn Sie Werbung im Fernsehen oder Radio nicht bewusst verfolgen, schleicht sich diese in Ihr Unterbewusstsein. Daher sollten Sie den Werbeblock immer wegschalten. Manipulation findet aber nicht nur durch Werbung und Medien statt. Lesen Sie selbst ...

In jeder Unterhaltung steckt Manipulation. Kaum zu glauben oder? In jeder Unterhaltung, die geführt wird, gibt es Manipulation. Eine Anzeige in einem Prospekt zielt bewusst auf eine Manipulation ab, um ein Produkt oder die Dienstleistung zu verkaufen. Eine Mutter hingegen handelt und manipuliert „selbstlos“, sie wünscht sich das Beste für das Kind, indem sie bewusst gesunde Lebensmittel einkauft und ihr Kind dahingehend manipuliert, diese gern zu essen.

Manipulation in Ihrem näheren Umfeld: Im familiären Umfeld gibt es alltägliche Manipulationen. Diese sind jedoch meist unbewusst und haben eine gute Intention. Die Absicht, ob gut oder schlecht, spielt daher eine übergeordnete Rolle. Im Alltag werden Heranwachsende häufig negativ beeinflusst. Drogen oder falsche Freunde sorgen für einen schlechten Einfluss. Hinterfragen Sie die Intention Ihrer Mitmenschen ganz individuell und schützen Sie sich so vor Manipulation. Sie werden es selbst spüren, wem Sie Ihr Vertrauen schenken können und bei wem Sie eher zu Vorsicht neigen sollten.
Vor allem im Job sollten Sie aufpassen und die Intentionen Ihrer Vorgesetzten und Kollegen gut hinterfragen. Sicher kennen Sie den Spruch „fressen oder gefressen werden“ und nicht selten ist dieser leider das Motto im Berufsleben unserer Ellbogen-Gesellschaft. Lassen Sie jeden Abend den kompletten Tag gedanklich Revue passieren. Überlegen Sie, was der Grund sein könnte, warum eine bestimmte Person etwas zu Ihnen gesagt haben könnte, vor allem dann, wenn Sie einen Verdacht hegen oder etwas auffällig daran war. Ich möchte nicht zu Misstrauen anregen, sondern Sie mit diesem Tipp lediglich unterstützen, damit Sie nicht Opfer von Manipulatoren werden und damit Sie Menschen besser verstehen sowie durchschauen lernen. Gerade die Leute, die (krampfhaft) versuchen, Ihnen sympathisch zu sein, sind in Wirklichkeit nicht Freunde, sondern Feinde.

Motivationspsychologie: Innerhalb eines Unternehmens ist diese Form der Manipulation häufig zu finden. Die Motivationspsychologie zielt darauf ab, den Mitarbeiter zu „optimieren“, sodass er schneller und fleißiger arbeitet. Motivation rät zum Handeln und zielt auf die Bedürfnisse ab. Durst oder das Bedürfnis zu schlafen sind solche Beispiele. Durch diese und andere Bedürfnisse werden Sie erpress- und manipulierbar. Wenn jemand das Bedürfnis erkennt, das Sie gerade hegen, kann er es ausnutzen und sich zunutze machen, indem er es zu stillen versucht.

Beispiel: Ein Angestellter soll Überstunden machen. Hier ist die Frage, ob er sich durch einen Bonus (Geld, Freizeit) motivieren lässt. Ist bei dem Angestellten das Bedürfnis vorhanden, mehr Geld zu verdienen, wird es klappen. Er wird also die Überstunden machen. „Bestrafungen“, um jemanden unter Druck zu setzen, eignen sich im Job eher weniger, sie sind eher Erziehungsmittel. Allerdings könnte der Chef mit einer Kündigung drohen, wenn eine bestimmte Leistung nicht erfüllt wird. Auch, indem er Provisionen streicht. Außerdem kann durch eine hierarchisch-höhergestellte Position erreicht werden, dass die Motivation des Angestellten aktiviert wird und auch bleibt. Im Bereich der Team-Manipulation kann durch allgemeine Motivation eine Verbesserung hervorgerufen werden. Der Aufenthaltsraum wird neu und modern gestaltet und sorgt für einen gehobenen, erfreulichen Luxus bei den Angestellten. Auch teambildende Maßnahmen haben diesen Effekt und spielen auf das Belohnungszentrum an. Gut eingesetzte Motivationspsychologie ist hilfreich, um eigene berufliche Ziele und solche im Sinne des Unternehmens besser zu erreichen. Überlegen Sie, wie Sie motiviert werden können und ob Sie einverstanden sind, sich der gebotenen Motivation durch Ihren Arbeitgeber hinzugeben. Denken Sie über bestimmte Güter nach, durch die Sie sich manipulieren lassen. Motiviert Sie ein neuer in Aussicht gestellter

Firmenwagen? Eine Gehaltserhöhung? Anerkennung des Chefs? Sind Sie im Berufsalltag beziehungsweise durch bestimmte Verhaltensmuster von Kollegen manipulierbar?

Werden Sie eigentlich in Ihrem Alltag manipuliert? Ja! Und zwar überall! Egal, ob Sie sich in der Bahn befinden, auf der Arbeit, zuhause, im Kaufhaus, selbst in Dating-Apps und in der Kneipe: Sobald jemand Sie zu überzeugen versucht, werden Sie manipuliert! Diese Tatsache ist völlig normal und legitim! Sobald jedoch Ihr Gegenüber oder gar Sie selbst Schaden nehmen, macht es einen Unterschied. Verletzte Gefühle, Erpressung, Nötigung und Folter sind dramatische Mittel um jemandem seine Überzeugung aufzudrängen. In diesem Ratgeber geht es zwar um die Einflussnahme auf andere Menschen, aber mit dem Hintergrund einer positiven Handlungsabsicht! Es gibt zahlreiche Arten der Manipulation. Alle haben die Kommunikation als gemeinsamen Nenner.

Einfache Techniken der Manipulation für Ihren Alltag und Beruf

Viele Arten der Manipulation behelfen sich des Stilmittels der Rhetorik. Diese Art bezeichnet, einfach erklärt, die Kunst mit Wörtern zu jonglieren und die Sprache gekonnt einzusetzen. Der Redner gibt zum Beispiel durch die rhetorische Frage die Antwort selbst vor und setzt damit das Einverständnis der Zuhörer voraus. Lügen und das bewusste Auslassen von Informationen gehören ebenfalls zu den Manipulationsmethoden.

Das Verführen

Sie möchten das Tennisspiel im Fernsehen schauen. Ihre Frau wünscht sich Ihre Aufmerksamkeit. Sie verlässt den Raum und kommt in aufreizender Unterwäsche zurück. Sie stellt sich genau in Ihr Sichtfeld.

Was wendet die Frau an und weshalb? Sie werden manipuliert von ihr! Durch ihre aufreizende Wäsche spricht sie Ihr Bedürfnis, in diesem Fall Ihr Begehren, gezielt an. Es handelt sich zwar um eine Manipulation, allerdings gibt es hier nur Vorteile für beide, da für Sie das Tennisspiel vermutlich zweitrangig werden dürfte (denn das Spiel können Sie sich in der Wiederholung ansehen).

Manipulation durch eine angenehme Atmosphäre

Eine schöne und angenehme Atmosphäre zu schaffen, gehört ebenfalls zur Manipulation. Ihr Gegenüber muss sich nur noch wohlfühlen und schon können Sie es manipulieren. Wenn Sie zum Beispiel nach dem Sex bestimmte Themen ansprechen oder um einen Gefallen bitten, findet hier eine solche Form der Manipulation statt. Oder wenn Sie Ihre Bitte nach einem schönen gemeinsamen Ausflug mit tollem Essen an Ihr Gegenüber richten ... Sie nutzen die positive Atmosphäre, die unterbewussten Signale und nutzen die Situation zu Ihrem Vorteil.

Die Lüge

Lügen ist nicht schön. Es handelt sich hierbei um eine offensive Art der Manipulation. Wirksam ist diese Methode auf jeden Fall, ratsam allerdings nicht. So eine Lüge kommt meistens (durch Zufälle, bewusste Bekanntmachung etc.) ans Licht. Dadurch ist das Vertrauen bei Ihrem Gegenüber zutiefst erschüttert. Eine nicht abschätzbare Lüge, die weitaus mehr Konsequenzen hat, als vorher vom Lügner angenommen wurde, kann fatale Folgen für das gesamte Umfeld haben.

Wie Lügen funktioniert? Jeder hat schon gelogen. Es handelt sich bei Lügen um veränderte Tatsachen, die ein neues Bild ergeben und einen erheblichen Einfluss auf Ihr Gegenüber haben. Vor allem geht es dabei um Ihren Vorteil. Die Lügen sind demnach so aufgebaut, dass sie für Sie förderlich sind. Notlügen unterscheiden sich da – beispielsweise lügen Sie Ihre gute Freundin an, ihr selbst gemachter Kuchen würde hervorragend schmecken, etwa um sie nicht zu verletzen.

Das Verschweigen

Das bewusste Weglassen von Informationen ist eine Art der Manipulation. Auch diese Variante kann nicht absehbare, schlechte Folgen mit sich bringen, denn die ausgelassenen oder gar vertuschten Informationen könnten ans Licht kommen oder Schaden anrichten. Diese Art der Manipulation ist der des Lügens sehr ähnlich.

Wie verschweigen Sie etwas? Sie lassen bewusst Informationen weg, die sich auf die Entscheidung des Gegenübers negativ auswirken würden. Daraus ziehen Sie Vorteile.

Manipulation durch Emotionen

Durch die Übermittlung von Gefühlen wie Niedergeschlagenheit, Wut oder Sympathie wird die gebotene Information unterstützt. Dieser Aspekt lässt Menschen die Situation akzeptieren, bewegt sie zu einer Aktion und lässt sie ihre Meinung überdenken. Die Entscheidung zum Kauf hängt von der Gefühlslage ab.

Sie könnten jemanden dahingehend manipulieren und somit überzeugen, wenn Sie von einem Produkt selbst angetan sind und dies vermitteln. Durch Ihre Freude wird das Gegenüber beeinflusst. Ein schauspielerisches Talent ist hierbei sehr hilfreich, zumindest dann, wenn Sie einem Eskimo einen Kühlschrank verkaufen möchten.

Manipulatives Belohnen

Ihr Belohnungszentrum will natürlich auch angesprochen werden. Dies bildet ebenfalls eine Manipulationsfläche. Mehr Geld beziehungsweise Provisionen für den Angestellten oder einen Lutscher für das kleine Kind sind solche Manipulationstechniken, die das Belohnungszentrum aktiv ansprechen.

Relationen von Zahlen abändern

Bei Gehaltsverhandlungen bietet es sich oftmals an, einen höheren Betrag vorzuschlagen und sich dann später selbst auf einen niedrigeren Wert runterhandeln zu lassen. Auch beim Shoppen kann diese Masche der Änderung von Relationen von Zahlen einiges bewirken. Kaufen Sie zuerst ein teures Teil, bevor Sie weiter durch die Stadt gehen … Die Relation des teuren Teils zu allen anderen kleinen Dingen, die Sie kaufen möchten, bewirkt, dass Sie Ihr Geld nicht mehr so leichtsinnig ausgeben werden (da Sie ja schon gleich zu Beginn der Shoppingtour viel ausgegeben haben). Das ist ein kleiner Trick besonders für Frauen, die gern einkaufen und bummeln gehen. Die Kleinigkeiten, die man nach und nach kauft, machen am Ende doch viel mehr aus, als man dachte. Deshalb ist es klug, gleich zu Beginn viel zu investieren und das begehrte, teure Teil zu ergattern.

Der Jingle

Manche Werbe-Jingles sind einfach ein absoluter Ohrwurm. Jedes Mal, wenn dieser gespielt wird, assoziiert man automatisch die dazu passende Firma. Das Produkt bleibt im Kopf und man erinnert sich daran. Das soll Sie zum Kauf verleiten.

„Exklusive“ Manipulation

Sie wollen doch sicher auch exklusiv sein?! Ausverkäufe, Rabatt- und Sales-Aktionen sowie Angebote für besondere VIP-Kunden zielen auf dieses Bedürfnis der Exklusivität ab.

Die Autorität nutzen

Eine höhere Autorität kann das Gegenüber beeinflussen und überzeugen. Es ist beispielsweise ein Unterschied, ob Sie bei Google nach einer möglichen Diagnose suchen oder sich diese von einem Arzt geben lassen. Der Arzt stellt hier die Autorität dar. Auch durch Auszeichnungen können Sie manipuliert werden. Die Nominierung zum Spiel des Jahres lässt das Produkt gleich viel hochwertiger erscheinen, was es aber nicht unbedingt sein muss (man kann sich leider nicht auf alle Siegel und Testberichte verlassen). Sobald etwas jedoch von einer höheren Instanz für gut befunden und empfohlen wird, regt dies zu einem schnellen Kauf an. Die Beziehung zu einer autoritären Person hat denselben Effekt.

Das Wiederholen

Wiederholungen waren schon in der Schule wichtig, um das Gelernte behalten zu können. Dieser Eigenschaft bedient sich auch diese Manipulationstechnik. Jingle, Logos und Botschaften werden eher im Gedächtnis behalten, wenn sie wiederholt werden.

Beispiel: Kennen Sie das, Sie hören einen Song ein oder zwei Mal und finden ihn mittelmäßig. Doch je öfter Sie ihn im Radio hören, umso mehr lieben Sie ihn! Dies ist ein ideales Beispiel für die Manipulationstechnik der Wiederholung und ihre Wirkungsweise. Die Wiederholung kann aber bei Übertreibung auch nach hinten losgehen! Auch hier eignet sich dasselbe Beispiel des Songs im Radio ideal ... Wenn man einen Song viel zu oft hört, nervt er irgendwann, obwohl man ihn anfangs mochte.

So verhält es sich bei allen Dingen, nicht nur bei Musik ... Auch bei Personen kann das der Fall sein, die man nämlich anfangs mochte, aber nachdem man sie zu oft gesehen hat und zu häufig mit ihnen zusammen war, dann nicht mehr.

Beispiel: Durch das ständige Wiederholen der Bitte, den Abwasch zu erledigen, wird die Tochter an das Spülen erinnert. Hiermit steigt die Wahrscheinlichkeit, dass die Tochter tatsächlich den Abwasch machen wird.

AIDA

Bei allen Verkaufsvorhaben spielt das sogenannte AIDA-Prinzip eine elementare Rolle. Was bedeutet das?

A = Attract attention (Aufmerksamkeit wecken)

I = Arouse interest (Interesse wecken)

D = Create desire (Verlangen schaffen)

A = Make action easy (Einfach gestalten zu handeln).

Unternehmen möchten die Aufmerksamkeit des Kunden haben, sein jeweiliges Interesse/Bedürfnis wecken, das dazugehörige Verlangen erschaffen und den Kunden zum Kauf bewegen.

Emotionen wecken

Wenn Werbespots und Anzeigen durch bestimmte Emotionen bekräftigt werden, wirken sie gleich um einiges stärker. Die Auswahl an Musik, Bildern und Symbolen kann hier ausschlaggebend sein. Verbindet sich diese Emotionslastigkeit mit einem bevorstehenden Weihnachtsfest, zu dem die Herzen weich werden, gelingt diese Masche besonders gut ... Das ist der Grund, warum zu dieser Zeit vermehrt zu Spenden aufgerufen wird. Emotionen wecken sollen traurige Bilder von hungernden Kindern und bedürftigen Menschen, die dankbar in die Kamera strahlen.

Rhetorik

Ein besonders beliebtes Stilmittel in der Psychologie ist die Rhetorik. Ursprünglich stammt die rhetorische Rede aus Sizilien, dort wurde sie vor allem in Bezug auf Gerichtsverhandlungen und publizistischen Reden verwendet. Die Redekunst bedarf einer gründlichen Ausbildung. Rhetorik findet in verschiedensten Gebieten seinen Anklang. Der Lehrer in der Schule bedient sich dieses Stilmittels häufig, genauso wie politische Redner, die am Podium sprechen. Politiker werden dahingehend intensiv geschult, aber auch Prominente, die genau wissen (sollten), was sie vor der Kamera sagen und wie sie auf schwierige Interviews antworten. Wenn man die Rhetorik anzuwenden weiß, ist sie ein hilfreiches Stilmittel, das die Sprache lebhaft und aufmerksamkeitserzeugend gestaltet. Bei der Rhetorik gibt es einige wichtige Techniken, die man beherzigen sollte:

Verzicht auf Füllwörter: Vermeiden Sie Füllwörter und kurze Sätze. Zu den Füllwörtern zählen Worte wie außerdem, zudem, also. Warten Sie, bis Sie die Aufmerksamkeit aller anwesenden Zuhörer haben. Erst wenn auch der Letzte zuhört, sollten Sie beginnen. Eine positive Ausstrahlung, direktes Ansprechen und der Blickkontakt sind wichtige Hilfsmittel in Bezug auf die Rhetorik. Eine vorherige Publikumsanalyse sollte nach Möglichkeit durchgeführt werden.

Verwenden Sie Metaphern: Sprechen Sie in Bildern! Eine bildhafte Sprache nimmt den Zuhörer viel mehr mit und wirkt interessanter. Aufmerksamkeit ist Ihnen dadurch garantiert. Eine Metapher beschreibt in bildhafter Sprache einen Ablauf und bestärkt diesen. Kompliziertes wird durch Bilder viel leichter verständlich! **Beispiele für Metaphern**: „Mein Herz hüpft, wenn ich dich sehe. Die Sonne lacht am Himmel. Ich habe einen Berg voll Arbeit vor mir. Mein Sohn ist beim Schulsport schnell wie der

Blitz gewesen. Sie heulte ganze Sturzbäche“. Ihre Zuhörer werden gefesselt sein und an Ihren Lippen kleben (ist ebenfalls eine Metapher!). Mit diesem Grundstein haben Sie alle Möglichkeiten, Ihr Publikum entsprechend zu manipulieren.

Machen Sie Vergleiche: Komplexe Zusammenhänge werden am besten durch Vergleiche deutlich. So erhält der Zuhörer die Chance, Sie zu verstehen, kann Ihnen weiterfolgen und wird in seiner Aufmerksamkeit nicht unterbrochen. Hier ist es nicht ratsam, Ihr gesamtes Fachvokabular zu präsentieren, das niemand versteht!
Erklären Sie alles so einfach wie möglich. Hierbei ist es egal, ob Sie sich im Job oder im Privatleben befinden. Nur wer Sie versteht, wird Ihnen vertrauen. Und außerdem wollen Sie sicher nicht arrogant wirken oder? Das kann nämlich passieren, wenn Sie Ihr Fachvokabular übertrieben einsetzen. Beispiel eines Vergleichs: „Bei unserem Literaturtreff geht es manchmal zu wie im Hühnerstall. Alle schnattern wild durcheinander“, „Mit den Aktien verhält es sich gerade wie mit einem unerfahrenen Bergsteiger ... Sie stürzen ab“.

Stellen Sie unbedingt rhetorische Fragen! Eine rhetorische Frage beantwortet sich bereits in der gestellten Frage selbst. Das Gegenüber wird befragt, um ihn bewusst zu manipulieren und ihn in eine andere Richtung zu lenken. Die Frage wird so gestellt und formuliert, dass man aus ihr die Antwort heraushört. Die Aufmerksamkeit wird völlig neugestaltet. Stellen Sie Ihrem Gesprächspartner eine solche Frage! Drehen Sie die Frage so um, dass Sie ihm seine Meinung als Ihre verkaufen. **Beispiel**: „Glaubst du etwa nicht, dass dein Buch ein voller Erfolg wird?“ (Vermutlich wird die Antwort bejahend sein, „ja, doch, das glaube ich“).

Wiederholen Sie Wichtiges: Wichtige Fakten sollten Sie wiederholen. Aber nicht zu häufig! Denn das kann leider auch negativ in Erinnerung der Menschen bleiben. Gut angewendet ist diese Methode erfolgversprechend und ein Garant für einen guten Vortrag. In vielen Bereichen wird diese Methode angewendet. Sie wurde bereits als Manipulationstechnik dargestellt, jedoch soll hier verstärkt auf den Anwendungsbereich der Sprache eingegangen werden. **Beispiel**: Den Fakt, der Ihnen besonders wichtig ist, etwa bestimmte Informationen oder ein Appell an die Zuhörer, sollten Sie in Ihrem Vortrag oder Gespräch wiederholt nennen. Am besten, wenn der Kontext passt. Vielleicht können Sie auch anknüpfen an die Worte Ihres Gegenübers. Verwenden Sie Synonyme, damit die Wiederholung nicht ganz so auffällt. Es soll die Zuschauer auf keinen Fall nerven, wenn Sie wiederholen, vielmehr soll Ihre Wiederholung als nützliche Erinnerung dankbar wahrgenommen werden.

Übertreiben Sie! Veranschaulichen Sie anhand von Übertreibungen! Stellen Sie einen Sachverhalt als überaus schlecht oder überaus gut dar. Ihre Meinung wird aufgrund Ihrer Übertreibung eher vom Zuhörer übernommen. Sie halten etwas für gut oder schlecht und stellen dies unverblümt dar.

Manipulieren durch Kritik

Mithilfe von Kritik können Sie ebenfalls manipulieren. Passt Ihnen etwas nicht oder steht es Ihnen gar im Weg, können Sie Kritik üben. Diese Kritik gilt es sparsam einzusetzen und in eine ansprechende Hülle zu verpacken. Beginnen Sie mit einem Lob (dies vermittelt dem Zuhörer erstmal ein gutes Gefühl). Anschließend können Sie Ihre Kritik aussprechen.

Beispiel: Du hast wirklich ein köstliches Brot gebacken! Das nächste Mal könntest du aber ein bisschen weniger Mehl verwenden!

Manipulation & Rhetorik für Fortgeschrittene

Allgemeine Vorgehensweise der Manipulation

Ausgehend von den bisher beschriebenen Manipulationstechniken sollen diese im Folgenden praxisnah und verständlich vertieft werden. Zudem möchte ich Ihnen weitere Techniken vorstellen, die sich vor allem für Fortgeschrittene eignen.
Für eine erfolgreiche Manipulation vonnöten ist sowohl die Vorbereitung auf den jeweiligen Gesprächspartner, als auch die Festlegung der eigenen Zielsetzung unter Beherrschung der jeweiligen Methodik. Deshalb erkläre ich Ihnen nun, wie Sie am besten und strategisch vorgehen bei der Manipulation.

Vorbereitung: An erster Stelle steht die Kenntnis über die eigenen Ziele.

- **Was möchte ich im Gespräch mit meinem Gegenüber erreichen?**
- **Worin liegt mein genaues Interesse mit dieser Person zu reden und weshalb habe ich gerade diesen Zeitpunkt dazu festgelegt?**
- **Inwieweit liegen die Interessen beieinander und an welchen Stellen besteht ein potentieller Interessenkonflikt?**

Einer der Grundsteine der erfolgreichen Manipulation besteht in der größtmöglichen Kenntnis des Gegenübers und - sofern bekannt oder ersichtlich - dessen absehbaren Argumenten und

Antworten im Hinblick auf die eigene Zielsetzung. Darüber hinaus verleiht das Einüben der in den vorherigen Kapiteln beschriebenen Manipulationstechniken die nötige Sicherheit, das Gespräch in jene Richtung zu lenken, welche zum Erreichen der eigenen Ziele gewünscht ist. Eine erfolgreiche Manipulation entfaltet sich in einem Zusammenspiel aus Wissen und der kommunikativen Fähigkeit, das Gegenüber sicher im Gespräch zu führen.

Vertrauen aufbauen: Unabdinglich für das Erreichen der eigenen Ziele ist eine vertrauensvolle Gesprächsatmosphäre. Niemand wird sein Gegenüber für seine Interessen gewinnen können, wenn dieser im Verlauf des Gesprächs ein ungutes Gefühl bekommt. Dabei kommt es weniger darauf an, den Gesprächspartner übertrieben zu loben oder ihm ständig entgegenzukommen, als darauf, natürliche Nähe zu erzeugen. Gemeinsamkeiten sollten herausgestellt und in den Vordergrund gestellt werden, damit etwaige Konflikte weniger ins Gewicht fallen. Subtiler und unter Umständen schwieriger zu bewerkstelligen ist die Einstellung auf die Körpersprache des Gegenübers, gleichfalls bietet die gekonnte Imitation, beispielsweise des Lächelns, die Chance für ein zunehmendes Gefühl der Vertrautheit. Vertiefen lässt sich diese Atmosphäre eines gegenseitigen Vertrauens durch aufmerksames Eingehen auf die Äußerungen des Gesprächspartners, ohne dabei seine eigenen Interessen zu vergessen. Begründeter, ehrlicher Widerspruch, ohne dem Gegenüber ins Wort zu fallen, ist Pflicht.

Authentizität: Vertrauen beruht auf Überzeugung. Gewinnt Ihr Gegenüber das Gefühl, Sie spielen lediglich eine Rolle, um ihn überzeugen zu wollen, rücken Ihre Argumente sehr schnell in den Hintergrund. Im schlimmsten Fall lässt Sie Ihr Gesprächspartner das spüren und Sie verlieren die Kontrolle über das Gespräch. Achten Sie also in jedem Fall darauf, nicht einfach nur eine Rolle einzunehmen, bleiben Sie ehrlich und versuchen Sie, sich in Ihr Gegenüber einzufühlen. Ihre Gestik sollte zu dem von Ihnen Geäußerten passen und diesbezüglich stimmig sein. Kommen Sie in die Situation, einen Fehler eingestehen zu müssen, tun Sie dies mit einer Überzeugung, als würde es sich nicht um einen Fehler handeln. Die Glaubwürdigkeit Ihrer Aussagen und Person steht zu jedem Zeitpunkt in direktem Zusammenhang zu dem zuvor Geäußerten und wird daran - ausgesprochen oder nicht - gemessen werden. Gleiches gilt für Ihr Gegenüber: stellen Sie einen Fehler in seiner Argumentation fest, weisen Sie ihn selbstsicher, aber nicht belehrend darauf hin. Sehen Sie Momente wie diese als Vorteil an, den Sie unter Umständen zu einem späteren Zeitpunkt für sich nutzen können.

Durchführung der Manipulation: Haben Sie sich ausreichend auf Ihren Gesprächspartner vorbereitet, sind seine Ziele kundig und haben Sie einen realistischen Eindruck davon erlangt, mit wem Sie es zu tun haben werden, ist der eigentliche Zeitpunkt der Manipulation gekommen. Jeder Mensch ist verschieden - nicht jede Manipulationstechnik ist zu jedem Zeitpunkt und bei jeder Person die Richtige. Lassen Sie sich also auf Ihren Gesprächspartner ein; geben Sie sich Zeit, um einen ersten, tatsächlichen Eindruck zu gewinnen. Seien Sie höflich und zuvorkommend und nutzen Sie die ersten Augenblicke des Gesprächs für sich aus. Ein lockeres, nicht allzu offensives Kennenlernen gibt Ihnen Raum, um Ihr Gegenüber einzuschätzen und um eine Strategie zu entwerfen. Entspricht Ihr Gegenüber den Vorstellungen, die Sie im Vorfeld des Gesprächs entworfen haben? Haben Sie den Eindruck, einer selbstsicheren Person gegenüberzustehen? Lässt sich Ihr Ziel eher durch eine harte Verhandlungsführung, oder auf zuvorkommende Art und

Weise erreichen? Sollten Sie diese Fragen nicht gleich während der ersten Minuten des Gesprächs beantworten können, oder entpuppt sich Ihr Gesprächspartner als wenig durchsichtig, scheuen Sie nicht davor zurück, Ihre Strategie während des Gesprächs zu ändern. Gerade im Falle eines Kennenlernens ist Flexibilität ein großer Vorteil. Das Beharren auf eine im Vorfeld zurecht gelegte Strategie kann sich schnell als negativ erweisen.

Die 6 Säulen

Robert B. Cialdini zufolge lässt sich die Praxis der erfolgreichen Überzeugungsarbeit und zielführenden Manipulation über sechs Grundsäulen definieren und festlegen:

1. Reziprozität

Die erste Säule zielt in die Richtung eines klassischen "Wie du mir, so ich dir". Diese Säule lässt sich gezielt nutzen, um den Konversationspartner von sich aus dazu zu bewegen, auf die eigenen Wünsche und Argumente einzugehen, selbst wenn diese für ihn nicht augenblicklich von Vorteil zu sein scheinen. Indem man das Gefühl vermittelt, von sich aus konsequent zu seinen Aussagen zu stehen und eingegangene Verpflichtungen zu erfüllen, setzt man diesen unwillkürlich unter Druck, dasselbe zu tun. Gegenseitigkeit verpflichtet. So kann das Eingehen auf bekannte Wünsche des Anderen gleich zu Beginn eines Gesprächs dazu führen, dass dieser sich verpflichtet fühlt, ebenfalls von sich aus eine Position zu verlassen oder zumindest nicht rigoros auf sie zu bestehen, wenn er das Gefühl hat, Sie hätten ihm bereits einen Gefallen getan. Insofern ist es häufig sinnvoll, sich gleich zu Beginn eines Gesprächs Gedanken darüber zu machen, welche der eigenen Positionen tatsächlich unabdingbar für die eigenen Ziele ist. Eingeständnisse zu machen ist keine Schwäche - an der richtigen Stelle Kompromisse einzugehen, um an anderer Stelle Vorteile zu gewinnen, die im besten Fall relevanter für das Erreichen der eigenen Ziele sind, ist häufig sinnvoller als stets auf den eigenen Positionen zu verharren (vgl. Cialdini 2013, S. 43-93).

2. Commitment und Konsistenz

Was man über sich selbst weiß, kann man in den meisten Fällen auch auf andere anwenden - und zum eigenen Vorteil nutzen. Niemand möchte im Gespräch als inkonsequent oder gar beliebig dastehen. Konsequent zu sein stellt nach Cialdini ein tiefes Bedürfnis jedes Menschen dar und äußert sich bisweilen, je nach Persönlichkeit, in Starrsinn oder aber mit einer geübten Argumentationsarbeit bereits im Vorfeld eines Gesprächs. Die zweite Säule des Strebens nach Verpflichtung greift demnach alle zuvor genannten Punkte noch einmal auf: ausgehend von der richtigen Vorbereitung und dem geübten Lesen der Körpersprache des Gegenübers lässt sich unter Umständen darauf schließen, ob dieser einem bloßen Plan folgt, welchen es zu vervollständigen gilt oder der argumentative Weg, tatsächlich zu etwas führen kann. Natürlich schließt das Eine das Andere keinesfalls aus, beides kann gleichzeitig der Fall sein. Und natürlich gelten alle Säulen nicht zuletzt auch für einen selbst: Sie sollten sich immer im Klaren darüber sein, in welcher Lage Sie sich selbst befinden (vgl. Cialdini 2013, S. 93-163).

3. Soziale Bewährtheit

Diese Säule kennt man gut und so gut wie niemand kann sich von ihr freisprechen. Kurz gesagt bedeutet sie nichts anderes als das angenehme Gefühl, im mehrheitlichen Recht zu sein - also die Bestätigung der eigenen Position durch die Legitimation der Mehrheit. Mit einer Meinung alleine dazustehen ist in den seltensten Fällen angenehm und dies auch gleich aus mehreren Gründen. Eine von der Allgemeinheit nicht eingenommene Position verlangt eine prägnante, vertiefte Begründung. Gleichfalls besteht Konfliktpotential, eine Tatsache, welcher

gerne aus dem Weg gegangen wird. Selbst wenn Si
Augen auf der Seite des Rechts stehen, oder mit eine
schlüssigen Argumentation aufwarten, heißt dies keine
dass Ihr Gegenüber sich Ihnen alleine deshalb anschließe
eben jenes Konfliktpotential und dessen abschreckende W ung könnte ihn dazu bewegen, eine für sich genommen gute Argumentation zu verwerfen oder zu ignorieren. Im Umkehrschluss bedeutet dies für Sie nichts anderes, als prekäre oder potentiell unpopuläre Positionen daraufhin zu untersuchen, ob sie sich in einem anderen oder nicht sofort ersichtlichen Kontext populärer darstellen lassen. Auch hier gilt es, die bereits genannten Säulen und Manipulationspunkte niemals aus den Augen zu verlieren. Bleiben Sie bei Ihrer Position, seien Sie konsequent und ehrlich - aber verlieren Sie Ihr Ziel nicht aus den Augen (vgl. Cialdini 2013, S. 163-227).

4. Sympathie

Jemanden zu mögen kann von Vor- und Nachteil sein. In jedem Fall lässt sich eine Manipulation (und zwar von beiden Seiten!) leichter bewerkstelligen, wenn die zu manipulierende Person Sie mag und auch Sie werden leichter zu manipulieren sein, sollten Sie an Ihrem Gegenüber Gefallen finden. Dieser Punkt ist in seiner Gewichtung nie zu unterschätzen. Gegenteilig kann auch die Ablehnung Ihres Konversationspartners von manipulativer Bedeutung sein: Argumente werden leichter ausgeschlagen, wenn Sie Ihren Gesprächspartner ohnehin nicht mögen. In Bezug auf den Punkt der Vertrauensbildung bedeutet dies, für und in sich selbst neutral zu bleiben, selbst wenn Sie eine Person mögen oder eben nicht mögen. An erster Stelle stehen Ihre Ziele, vergessen Sie das nie. Gleichfalls sollte Ihnen etwas daran liegen, einen realistischen Eindruck davon zu gewinnen, inwieweit sich über das einleitende Gespräch eine natürliche Nähe einstellt - und wo Sie eingreifen müssen, um diese im Zweifel zu erzielen (vgl. Cialdini 2013, S. 227-277).

5. Autorität

Autorität ist ein schwieriger, aber ebenfalls nicht zu unterschätzender Punkt in der Gesprächsführung. Ein autoritäres Auftreten wird aber niemals überzeugend wirken, wenn Sie selbst nicht von sich und Ihren Argumenten überzeugt sind. Im Falle dessen, dass Sie eine Verhandlung unter Berücksichtigung aller bisherigen Punkte beginnen, gibt es keinen Grund, Ihre Sache nicht mit voller Bestimmung anzugehen. Cialdini zufolge verspürt man einen gewissen Gehorsam gegenüber autoritär auftretenden Personen. Dies bezieht sich nicht allein auf das Gespräch an sich. Natürlich wird es Ihnen nicht möglich sein, in Uniform zu einem Gesprächstermin zu erscheinen, aber das gepflegte, bestimmte Auftreten wird in Kombination mit einer eben solchen Gesprächsführung Ihren Eindruck nicht verfehlen. Wie immer gilt: vergessen Sie niemals die vorherigen Punkte. Autorität heißt keinesfalls Arroganz, zielführendes Verhandeln nicht die Ablehnung jeglicher Argumentation des Gegenübers. Autorität im Gespräch bedeutet in erster Linie dieses zu führen: Sie sollten derjenige sein, der an der richtigen Stelle hart bleibt oder eben ein unerwartetes Kompliment macht. Insbesondere, wenn diese Vorgehensweise unvorhersehbar verbleibt, vermitteln Sie das Gefühl, das Gespräch zu führen und zu bestimmen (vgl. Cialdini 2013, S. 277-313).

6. Knappheit

Einzigartigkeit ist in jeglicher Hinsicht ein Pluspunkt. Gewinnt Ihr Gegenüber das Gefühl, nur Sie können ihm geben, wonach es verlangt, wird es von seiner Seite aus eher dazu bereit sein, Kompromisse einzugehen. Ganz generell sollten Sie versuchen, die Dinge so darzustellen, als kämen Sie von Ihnen exklusiv: und unter gewissen Umständen sind Sie bereit, es ihm zu geben.

Machen Sie sich also bereits im Vorfeld Gedanken darüber, worin die Exklusivität Ihrer Seite besteht: weshalb kommt die andere Seite auf mich zu? Was habe ich ihr zu bieten? Wie kann ich es als möglichst exklusiv darstellen und inwiefern kann ich etwas dafür verlangen? Ihre Einschätzung sollte ohne Frage realistisch sein: seien Sie sich zu jedem Zeitpunkt im Klaren darüber, was Sie wirklich zu bieten haben (vgl. Cialdini 2013, S. 313-357).

Rhetorik für Fortgeschrittene

Ganz allgemein gilt: wer sprachgewandt argumentiert, wirkt überzeugender und vertrauenerweckender als derjenige, welcher sich nur mit Mühe und Not zu verständigen weiß. Auch lässt sich über die gewandte Sprachführung Zeit gewinnen, um seine eigene Argumentation oder das weitere Vorgehen zu überdenken. Argumentationslücken mit Phrasen zu füllen ist dabei wenig hilfreich, aber die Aufwertung der eigenen Positionen oder gar der letzte, überzeugende Schliff lässt sich mittels bewährter Stilmittel durchaus erreichen. Im Folgenden will ich einige dieser Stilmittel nach Hermann Schlüter im Einzelnen besprechen und Ihre Anwendung an konkreten Beispielen für Sie verständlich machen.

-Kreuzstellung (Chiasmus)

Durch eine Kreuzstellung werden Sätze oder Satzglieder über Kreuz gestellt, die syntaktisch ähnlich konstruiert sind. Dadurch kann unter Umständen auch eine rhythmische Struktur entstehen. Diese Form der Rhetorik kann allerdings sehr künstlerisch wirken, weshalb man dieses Stilmittel eher in der Werbeindustrie, beispielsweise bei Werbespots antrifft, wenn es darum geht, dass ein Slogan im Gedächtnis bleiben soll.
Beispiel: Wo ein Wille **ist, ist** auch ein Weg.

-Zugeständnis

Wer ein angenehmes Gespräch auf rhetorisch hohem Niveau führen möchte, der sollte sich daran gewöhnen, seine Argumentation an die Argumentation des Gegenübers anzugleichen. Gehen Sie mit Ihren Argumenten nicht auf Ihr Gegenüber ein, kann im Prinzip eine Unterhaltung, kein Gespräch im eigentlichen Sinne entstehen. Dann handelt es sich eher um eine sehr einseitige Form der Konversation, was Ihrem Konversationspartner schnell auffallen und keinen guten Eindruck hinterlassen wird. Machen Sie Ihrem Gegenüber daher klar, dass Sie seine Argumentation nachvollziehen und verstehen können. Natürlich sollten Sie das nur tun, wenn dem auch wirklich so ist. Sagen Sie, welche Punkte Sie genau nachvollziehen können, an welchem Punkt Sie jedoch widersprechen. Merkt Ihr Gesprächspartner, dass es Ihnen wirklich um das Thema selbst geht und nicht darum, unbedingt recht zu behalten, ist die Wahrscheinlichkeit groß, dass auch Ihr Gesprächspartner Zugeständnisse machen und Ihnen entgegenkommen wird, damit ein Konsens erreicht werden kann.

-Begründung durch Autoritäten, Triebappelle, Beispiele

Wer seine Meinung durch Argumente begründen möchte, der kann sich dafür nicht nur an Argumenten bedienen, sondern beispielsweise auch dadurch, dass er Autoritäten und Triebappelle mit in seine Argumentation einbezieht. Menschen haben Respekt vor Autoritäten und zweifeln deren Meinung selten an, sofern die Autorität als natürlich und nicht als bedrohlich empfunden wird. Daher kann es sich anbieten, bei bestimmten Themen auf die Meinung und Haltung von Autoritäten zu verweisen. Wer Triebappelle nutzt, kann sein Gegenüber ebenfalls in eine bestimmte Richtung lenken, denn Menschen lassen sich durch solche Appelle leicht beeinflussen.

Die Werbung ist beispielsweise größtenteils darauf ausgerichtet, die Triebe der Menschen (Angst, Hunger, Sex, Genuss etc.) anzusprechen. Beispiele machen Argumentationen klarer und helfen dabei, das Gespräch auf eine natürliche und praxisorientierte Ebene zu hieven.

-Wortneubildung (Neologismus)

Ein Neologismus stellt eine Neubildung eines Wortes oder eines sprachlichen Ausdrucks dar. Dabei kann diese neue Wendung von einem Teil der Zuhörer bereits verstanden werden, da sich diese Neubildungen manchmal von selbst erklären bzw. bekannte Begriffe beinhalten können. Neuschöpfungen können aus Bedeutungsübertragungen (Beispiel: Computerviren, Linse), aber auch aus anderen Sprachen entstammen und entstehen, hier sind zahlreiche Anglizismen (z. B. Software) zu nennen, die ihren Weg ins Deutsche geschafft haben. Auch Zusammensetzungen aus bereits bekannten Wörtern sind möglich, wenn es darum geht, Neologismen zu erschaffen (Beispiel: Studentenberg).

-Doppelung

Bei einer Doppelung von Wörtern kommt es zu einer Rekurrenz bzw. Repetition. Dadurch ergibt sich ein Spannungsverhältnis aus dem Wiederholten und dem Neuen, das ausgesagt wird. Die Anzahl an Wiederholungen kann hier zwischen zwei und theoretisch unendlich vielen liegen. Dieses Stilmittel kann allerdings nur dann funktionieren, wenn sich die Wörter wirklich gleichen und nicht nur Ähnlichkeit aufweisen. Dieses Stilmittel kann eine Eindringlichkeit unterstreichen, welche durch den jeweiligen Affekt des Sprechers noch verstärkt werden kann. Beispiel: Ein **neues** Denken für eine **neue** Zeit.

-Wortspiele

Es gibt viele verschiedene rhetorische Stilmittel, die man als Wortspiel bezeichnen könnte. Dabei gibt es keine wirklichen oder festen Regeln, wie solche Wortspiele auszusehen haben. Häufig sind Wortspiele mit dem Konzept der Ironie verwandt. Anstatt eine eigentliche Botschaft A loszuwerden, wird der Sinn des Wortes, Begriffes oder des Satzes durch einen Buchstabendreher oder durch eine sonstige Veränderung verändert und umgewandelt. Letzten Endes wird die Botschaft A immer noch übermittelt, allerdings durch eine humorvolle und ironische Weise B. Beispiel: unser Bundespräsident "gauckelt" uns etwas vor (Anspielung auf den ehem. Bundespräsidenten Gauck, „gauckeln" statt „gaukeln"). Humor und Sarkasmus sind probate Mittel, eine Unterhaltung aufzulockern und attraktiver zu gestalten. Allerdings sollte man jene humoristische Mittel sparsam einsetzen, denn sonst werden Seriosität und Autorität irgendwann untergraben sein und das Gespräch verliert seine ernsthafte Note und Basis.

-Ironie

Die Ironie zeichnet sich durch eine Divergenz des Gesagten zum eigentlich gemeinten Sinn aus. Wichtig ist es dabei, dass der Angesprochene diese Divergenz verstehen und überbrücken kann, sodass trotz des Gesagten der eigentlich verborgene Sinn dahinter ankommt. Als Beispiel kann der Satz: „das hast du ja wieder einmal toll gemacht!" angesehen werden. Durch den Ton des Gesagten muss für den Angesprochenen deutlich werden, dass er das Erledigte nicht toll gemacht hat, damit das Konzept der Ironie verstanden wird. Im direkten Gespräch sollten humoristische Mittel mit Bedacht eingesetzt werden. Es empfiehlt sich eher, Sachverhalte manchmal auf eine sarkastische oder ironische Art und Weise zu umschreiben, sofern sichergestellt werden kann, dass der Empfänger der

Botschaft die Nachricht richtig verstanden hat. Den Empfänger ironisch anzusprechen, kann sich als nachteilig erweisen, da diese Methode zu direkt sein kann und zwischen zwei Menschen Missverständnisse entstehen können, da es eine gewisse Menschenkenntnis benötigt, damit diese Art der ironischen Kommunikation funktionieren kann.

-Emphase

Die Emphase ist besonders in der gesprochenen Sprache ein häufig verwendetes Stilmittel, zumal es mitunter schwer zu erkennen sein kann. Daher sollte oder kann man sich diese Art der Sprache einverleiben, indem man sich angewöhnt, seine Sprache mit Emphasen auszuschmücken. Dies ist also eher eine Gewohnheit, als dass man Emphasen gezielt in Sätze einbauen könnte oder sollte. Bei Emphasen handelt es sich um nachdrückliche Ausführungen und Erklärungen, die meistens etwas Vorangegangenes erklären. Wörter können nachdrücklich hervorgehoben werden, um etwas zu verdeutlichen.
Beispiel: „zufrieden jauchzet Groß und Klein: hier bin ich Mensch, hier darf ich's sein!“ (Goethe) – in diesem Beispiel wird das Wort Mensch hervorgehoben, da sich der Satz quasi um das Wort Mensch herum baut, damit das Wort verdeutlicht und herausgestellt wird.

-Paraphrase

Paraphrasen bzw. Paraphrasierungen meinen im eigentlichen Sinne Umschreibungen von Begriffen oder Sätzen. Sie werden den Begriff wahrscheinlich noch aus Schultagen kennen, denn nach dem Lesen von Texten wurde vom Lehrer oft verlangt, den Text in eigenen Worten wiederzugeben, sprich zu paraphrasieren. Ähnlich kann dieses Stilmittel auch in der gesprochenen Sprache eingesetzt werden. Als Beispiel kann hier der Satz „Fische, die stummen Meeresbewohner“ dienen. Hier wird der Begriff „Fische“ durch den Zusatz, die Paraphrase „stumme Meeresbewohner“ weiter umschrieben und erklärt. Dadurch erhält der Zuhörende umgehend eine Verdeutlichung und Veranschaulichung, was genau gemeint und ausgesagt wird. Andererseits ist auch dieses Stilmittel ein Mittel der Darstellung und Werbung. In der Fernseh- und Filmindustrie, aber beispielsweise auch in der Werbeindustrie, bedient man sich an diesem Stilmittel, um bestehende Titel mit zusätzlichen Umschreibungen und Untertiteln abzurunden. Paraphrasen dienen generell der Interpretation, Reflexion und symbolisieren das aktive Zuhören. Nicht nur die eigenen Sätze können mit Paraphrasen also rhetorisch aufgewertet werden, auch die Aussagen des Gesprächspartners können paraphrasiert werden, was zeigt, dass Sie zugehört haben und in der Lage sind, die Aussagen Ihres Gegenübers zu reflektieren und zu übertragen, um sie für sich selbst zugänglich und verständlich zu machen. Ihr Gesprächspartner wird zugleich den Eindruck erhalten, dass Sie ihm aufmerksam zugehört haben, was der Gesprächsqualität und Atmosphäre zuträglich sein wird und wiederum dafür sorgt, dass man Ihnen zuhören wird.

-Fremdwörter

Um über ein bestimmtes, mitunter spezifisches Thema zu argumentieren, benötigt es bestimmter Fach- und Fremdwörter, denn sonst wird die Argumentation eintönig und unprofessionell erscheinen. Wer seine Rhetorik mit Fremdwörtern ausschmückt, wird auf sein Gegenüber zugleich einen positiven und autoritären Eindruck hinterlassen. Fremdwörter können bei richtigem und vor allem bei dosiertem Einsatz dafür sorgen, dass sich Ihr Gegenüber an Ihnen und Ihren Argumenten orientiert, dass das Vertrauen in Sie und in Ihre Kompetenz ansteigt und dass Ihr Gesprächspartner Ihnen und Ihren Ausführungen in der Folge folgen und zustimmen wird. Dabei können Fremdwörter natürlich auch mit anderen Stilmitteln kombiniert werden. Der Satz „die Existenz unseres terrestrischen Trabanten hinterlässt bei mir vor allem aufgrund dessen profunder Anomalie einen bleibenden Eindruck“ wirkt logischerweise anders, als die Aussage „ich mag den Mond, er ist so besonders“. Man sollte, wie bereits angedeutet, darauf achten, dass die integrierten Fremdwörter natürlich und sinnvoll erscheinen, denn ansonsten wird die eigene Rhetorik eher als künstlich und aufgeblasen erscheinen.

-Alliteration

Auch Alliterationen sind beliebte Stilmittel, wenn es darum geht, Aufmerksamkeit zu erzeugen. Diese Stilmittel zeichnen sich dadurch aus, dass mehrere Wörter innerhalb eines Satzes bzw. innerhalb einer Reihe mit demselben Anfangsbuchstaben beginnen. Je nachdem, um wie viele Buchstaben es sich handelt, wird dieser Satz umso prägnanter und einprägsamer für denjenigen werden, der den Satz zu hören bekommen wird. Man sollte es authentisch und natürlich anstellen, wenn man Alliterationen in seine eigene Rede integrieren möchte, denn sonst würde das Resultat eher künstlich erscheinen. In mündlichen Reden und Vorträgen, beispielsweise von Politikern, sind Alliterationen häufig vorzufinden. Auch in der Werbeindustrie werden Alliterationen gern und oft genutzt, da sich die Aufmerksamkeit der Zuschauer so gut lenken lässt. Beispiel: „**M**ars **m**acht **m**üde **M**änner **m**unter“ (Satz aus der Werbung).

-Anapher

Bei der Anapher handelt es sich um eines der vielleicht bekanntesten (und effektivsten!) Stilmittel im argumentativen Gebrauch: man versteht darunter die einmalige oder auch mehrmalige Wiederholung ein- und desselben Wortes oder

einer Wortgruppe. Natürlich geht es uns dabei nicht um die poetische Darstellung eines Sachverhalts, sondern um das eindringliche Verweisen (also die Relevanz) des Themengegenstands. Einen Sachverhalt oder Schlagbegriff zu wiederholen, rückt ihn in den Vordergrund - das Gegenüber muss sich mit ihm auseinandersetzen. Selbst wenn die Relevanz des Themas für ihn nicht direkt erkennbar (oder unter Umständen sogar gar nicht gegeben) ist, wird die eindringliche Nennung zunächst für erhöhte Aufmerksamkeit sorgen.
Natürlich darf eine solche Darstellung zu keinem Zeitpunkt penetrant wirken, sie muss seriös und argumentativ verpackt sein. Hier zeigt sich das Zusammenspiel von der Kenntnis der eigenen Argumentation und der Fähigkeit, sie zu kommunizieren. Gleiches gilt für die nachfolgenden Stilmittel. Es geht darum, zu überzeugen: eine gute Argumentation ist dennoch und in jedem Falle zwingend notwendig.
Beispiel: **Lies** keine Oden, mein Sohn, **lies** die Fahrpläne, sie sind genauer. (Hans Magnus Enzensberger, dt. Dichter).

-Kette

Das Stilmittel der Kette ist ein weiteres Hilfsmittel, die Wirkung eines Begriffes oder eines einzelnen Wortes durch Wiederholung zu bekräftigen. Anders als bei der Anapher wird der Schlagbegriff dabei im darauffolgenden Satz wieder mit aufgenommen. Hierdurch wird die Bekräftigung erzeugt und sorgt bei richtiger Anwendung für einen Überraschungseffekt. So lässt sich aus einem feststellenden Satz in der darauffolgenden oder weiterführenden Argumentation sogar eine Frage formulieren, um den Gesprächspartner zum Nachdenken zu zwingen. Hierdurch wird der geschilderte Sachverhalt in den Fokus gerückt. Entgleitet das Gespräch aus der gewünschten Richtung, lässt es sich auf diesem Wege konstruktiv unterbrechen oder zurück lenken (vgl. Schlüter, 1974).

Beispiel: Er strahlte vor **Glück**. **Glück**, das er sich verdient hatte.

Schwarze Rhetorik

Im vorherigen Kapitel haben Sie nun rhetorische Mittel kennen gelernt, mit denen Sie das Gespräch und Ihre Argumentation attraktiver gestalten können. Manchmal sind diese rhetorischen Mittel aber gar nicht angebracht oder sinnvoll, denn in manchen Situationen nutzen Menschen auch Mittel der sogenannten „schwarzen Rhetorik". Damit meint man, dass sich diese Menschen nicht ganz so sauberen Mitteln unserer Sprache bedienen, um ein Gespräch in die gewünschte Richtung zu lenken. Man könnte diese schwarze Rhetorik als krassen Gegensatz zu den eben beschriebenen rhetorischen Mitteln sehen, denn hier geht es in der Regel ganz und gar nicht darum, die Schönheit der Sprache zu nutzen, oder um mit Wortspielen oder Ironie für Nachdrücklichkeit zu sorgen. Vielmehr gibt es verschiedene Taktiken, um Gespräche mithilfe von schwarzer Rhetorik zu sabotieren und zu manipulieren. Ob Sie sich solcher Mittel bedienen wollen, bleibt Ihnen überlassen. Womöglich sollten Sie sich dieser Mittel aber bewusst werden, um sich vor schwarzer Rhetorik zu schützen, die möglicherweise gegen Sie gerichtet sein könnte.

Taktik 1: Die Unterbrechungstaktik

Es gehört zu den guten Sitten und auch zur guten Erziehung eines Menschen, den Gesprächspartner ausreden zu lassen. Gesprächsteilnehmer A äußert seine Argumentation, welche nur dann komplett veräußert und auch verstanden werden kann, wenn A die Chance bekommt, seine Argumentation zu Ende zu führen. Sorgt der Gesprächspartner B aber nun absichtlich dafür, dass A seine Gedanken nicht zu Ende führen kann, wird das schnell zu Frustration und Ärgernis führen. Sollten diese

Unterbrechungen zwischen Freunden vorkommen, macht es diesen je nach Kontext vielleicht nichts aus. Wenn doch, könnten Sie den Freund auf diesen Umstand hinweisen. Werden Sie jedoch von einer autoritären Person unterbrochen, so werden Sie sich wahrscheinlich nicht darüber beschweren. Das Ergebnis: sobald Ihnen immer wieder das Wort abgeschnitten wird, werden Sie sich unsicher fühlen und wahrscheinlich automatisch weniger sagen. Dabei könnte es sich um eine Taktik handeln, weshalb Sie in diesem Fall Ruhe bewahren sollten.

Taktik 2: Die Nein-Taktik

Eine Taktik der schwarzen Rhetorik könnte es vorsehen, Ihre Argumentation insofern zu sabotieren, als dass ein Unverständnis gespielt und simuliert wird, welches Sie aus der Rolle bringen könnte. In diesem Fall könnte mehrmals der Satz fallen: „das verstehe ich nicht, könnten Sie das nochmals erklären?" Kommt dies einmal vor, müssen Sie noch keinen Verdacht schöpfen. Mehrt sich diese Frage aber auch bei scheinbar banalen und leicht verständlichen Aussagen, könnten Sie diese Taktik insofern umgehen, indem Sie auf eine Antwort zu einem späteren Zeitpunkt verweisen. Meint es Ihr Gegenüber wirklich ernst und bleiben Rückfragen offen, werden Sie nach Ihrem Vortrag die Möglichkeit haben, Restfragen zu klären.

Taktik 3: Die Taktik der Großzügigkeit

Sofern Sie gut vorbereitet sind und Ihr Gegenüber mit sachlichen Argumenten überzeugen wollen, haben Sie womöglich auch Statistiken und genaue Daten vorliegen, mit denen Sie Ihre Argumentation unterstreichen und untermauern wollen. In diesem Fall könnte es vorkommen, dass Ihr Gesprächspartner, wenn er sich der schwarzen Rhetorik bedient, von Ihren genauen Daten und Statistiken ablenkt, indem er auf die Großzügigkeit verweist. Dies könnte sich dann zum Beispiel wie folgt anhören:

„Man muss doch auf das Gesamtbild achten. Verlieren wir uns nicht im Detail, beachten wir die große Linie!“ Damit sollen Ihre wahrscheinlich vernünftigen und hilfreichen Statistiken abgewertet werden. Sollte es dazu tatsächlich kommen, könnten Sie „auch ein Mosaik setzt sich aus vielen kleinen Teilen zusammen“ antworten, um zu verdeutlichen, dass Details bei einer sachlichen Diskussion besprochen werden sollten.

Taktik 4: Die Taktik der Wissenschaft

In Gesprächen sollen sich Menschen mit fundierten Argumenten begegnen. Dafür könnten Gesprächsteilnehmer, die sich der schwarzen Rhetorik bedienen wollen, auch auf den Trick der Wissenschaftlichkeit zurückgreifen. In diesem Fall könnten Zitate und Lehrmeinungen von Experten und Berühmtheiten wiedergegeben werden, auf die Sie so schnell keine Antwort haben könnten. Denn wer widerspricht letztlich Statistiken oder der Meinung von Experten oder Berühmtheiten? Dabei könnte es sein, dass das Zitat von Ihrem Gegenüber einfach erfunden oder aus dem Zusammenhang gerissen wurde. Bleiben Sie standhaft, entgegnen Sie lediglich „ich kenne dieses Zitat nicht“, oder fragen Sie Ihr Gegenüber, in welchem Kontext oder in welchem Jahr das bestimmte Zitat gefallen ist. Es ist sehr wahrscheinlich, dass der manipulierende Rhetoriker dann zu stottern beginnen wird, denn diese Information ist ihm sehr wahrscheinlich nicht geläufig.

Taktik 5: Die Taktik der Naivität und Negativität

Diese Taktik ähnelt der bereits beschriebenen Nein-Taktik. Möchte Ihr Gesprächspartner Sie aus der Ruhe bringen, Sie ärgern oder das Gespräch auf sonstige negative Art und Weise sabotieren, könnte er eine negative Grundhaltung einnehmen, indem er das von Ihnen Gesagte stets ablehnen wird, unabhängig davon, was Sie wirklich aussagen wollen. Dadurch werden Sie das Gefühl erlangen, dass es im Prinzip egal ist, was Sie sagen, da ohnehin alles negiert werden wird. Diese Taktik könnte es ebenfalls vorsehen, dass sich Ihr Gegenüber absichtlich dumm stellen wird, um Sie damit ebenfalls aus der Fassung zu bringen. In diesem Falle könnten eigentlich banale Aussagen oder Erklärungen angezweifelt werden. Im ersten Moment kann diese Taktik schwer zu durchschauen sein, da Sie den Kenntnisstand des Gesprächspartners nicht immer zweifellos richtig einschätzen können. In jedem Fall sollten Sie gefasst und höflich bleiben, ehe Sie den Gesprächspartner vorsichtig auf seine negative Grundhaltung hinweisen.

Taktik 6: Indirekte Beleidigung

Gespräche und Diskussionen werden spätestens dann überflüssig und verfehlen ihren Sinn und Zweck, sobald Ihr Gegenüber mit Beleidigungen ankommt. Diese Beleidigungen können mitunter versteckt und geschickt eingeflochten sein, sodass Sie sich nicht sofort sicher sein können, was Ihr Gegenüber aussagen möchte. Um etwaige Missverständnisse zu vermeiden, könnten Sie diesbezüglich zunächst ein „könnten Sie mir bitte erklären, wie Sie das meinen?“ entgegnen. Dadurch könnte Ihr Gegenüber eingeschüchtert werden und wird seine Kritik womöglich relativieren oder versachlichen. Vielleicht stellt sich ja auch heraus, dass sich Ihre anfängliche Vermutung einer Beleidigung nicht bewahrheitet hat. Sollte Ihr Gegenüber die Diskussion auf eine unsachliche Ebene ziehen, lassen Sie sich nicht auf dieses Niveau herab. Fordern Sie Ihr Gegenüber dazu auf, zur sachlichen Ebene zurückzukehren, indem er die Kritik gezielt und möglichst sachlich vorträgt. Sollte dies nicht möglich sein, können Sie die Diskussion im Grunde genommen beenden. Keinesfalls sollten Sie sich von Beleidigungen provozieren lassen, denn das könnte es sein, was Ihr Gegenüber will.

Taktik 7: Direkte Beleidigung

Neben indirekten Beleidigungen, die gut getarnt sein können oder mitunter unterschwellig formuliert sind, kann Ihr Gegenüber auch dazu übergehen, Sie direkt zu attackieren. Auch in diesem Fall sollten Sie die Ruhe bewahren und Ihrem Gegenüber die Chance zur Korrektur oder Rechtfertigung einräumen. Stehen im Nachhinein immer noch Beleidigungen im Raum, können Sie das Gespräch beenden. Wichtig ist es, auf mögliche Provokationen nicht einzugehen. Möglichst schlagfertig zu kontern, ist auch keine Lösung, denn das wird das Gespräch nur noch überflüssiger machen und sorgt nicht für ein höheres Niveau. Außerdem würde Ihre Laune dadurch zunehmend sinken, anstatt dass Sie diese unsachliche Form der Kritik an sich vorbeiziehen lassen.

Taktik 8: Kleinigkeiten

Geht ein Verfechter der schwarzen Rhetorik dazu über, sich an Kleinigkeiten Ihrer Aussagen festzuhalten, seien Sie nicht beunruhigt. Auch dabei könnte es sich um eine Taktik handeln, die Sie aus der Ruhe bringen soll. Jede Aussage könnte wahrscheinlich irgendwie noch besser und noch präziser formuliert werden, weshalb es recht unfair ist, jedes gesagte Wort auf die Goldwaage zu legen. Verfolgt Ihr Gesprächspartner diese Taktik dennoch, könnte dies einfach darauf hindeuten, dass ihm die Argumente schlicht und einfach fehlen und er sich daher an die falsche Interpretation oder Verdrehung Ihrer Worte klammern muss. In diesem Fall könnten Sie Ihr Gegenüber direkt auf den eigentlichen Kernpunkt und auf die Essenz Ihres Gesagten ansprechen, um zum Wichtigen zurückzukehren.

Taktik 9: Moralapostel

Fallen Ihrem Gegenüber keine Antworten mehr ein und geht es für ihn eventuell nur darum, Sie zu provozieren bzw. Sie zu verunsichern, könnte er auch dazu übergehen, moralische Argumente einzubringen. Dessen Verhalten könnte folglich an den eines Moralapostels erinnern. Hier sollten Sie gleich zu Beginn sicherstellen, wie das von Ihnen Gesagte aufgefasst werden soll, damit keine Fragen der Moral entstehen können. Mit dieser Klarstellung kann es sich Ihr Gegenüber sparen, Sie durch vermeintliche ethische oder moralische Grundsätze zu verunsichern. Menschen sind sehr sensibel, wenn es um Moralisches geht, daher sollten Sie sich schon im Vorhinein darüber im Klaren sein, ob Ihre Meinung gegen ethische Grundsätze oder Richtlinien verstoßen könnte.

Taktik 10: Fragen kontern

Werden Ihre Fragen nur noch gekontert, aber nicht beantwortet, kann es sich hierbei ebenfalls um eine Taktik der schwarzen Rhetorik handeln. Auch damit könnten Sie lediglich provoziert oder getestet werden, oder Ihr Gesprächspartner hat keine Argumente mehr parat, um Ihnen selbst Antworten zu liefern. Dann könnte der Gesprächspartner dazu übergehen, anstatt Antworten Gegenfragen in den Raum zu werfen, oder es kommen verteidigende Fragen wie „warum wollen Sie das wissen?", „wofür brauchen Sie diese Information?" zustande. Lassen Sie sich davon nicht verunsichern. Sofern Fragen nicht unter die Gürtellinie gehen, haben Sie auch das Recht, sie zu fragen. Möchte der Gesprächspartner diese Fragen dennoch nicht beantworten, ist dies legitim, aber das ständige Einwerfen von Gegenfragen ist nicht die vornehme Art darauf zu reagieren.

Taktik 11: „Killer-Antworten"

„Killer-Antworten" sind mit den Killerphrasen verwandt, die Sie in **„Psychologische und logische Manipulationstechniken"** noch näher kennenlernen werden. Damit sind Antworten zu verstehen, die den Inhalt einer Aussage vermeiden, gegen die man aber nichts unternehmen kann. „Darüber muss ich erst einmal nachdenken" ist eine solche Antwort, da hierdurch nichts ausgesagt wird. Viel mehr gibt sich der Aussagende dadurch die Zeit, um sich seine Antwort zurechtzulegen, was grundlegend nichts Negatives ist. Häufen sich jedoch diese Antworten und Ausflüchte in Phrasen, können Sie Ihr Gegenüber auf den bescheidenen Aussageninhalt hinweisen. Achten Sie auf diese vermeintlichen allgemeingültigen Gesetze („die Situation verlangt, dass...") und stellen Sie diese, wenn erforderlich, in Frage. Beispielfrage hierzu: „Verlangt es die Situation oder verlangen Sie das?"

Zwischenfazit: die eben besagten Mittel der schwarzen Rhetorik kann man kennen, um auf mögliche Provokationen von feindlich gesinnten Menschen, aber beispielsweise auch um auf mögliche Charakter-Tests in Vorstellungsgesprächen vorbereitet zu sein. Wichtig ist dabei, die jeweiligen „Gegentaktiken" nur dann anzuwenden, wenn man sich wirklich sicher ist, dass das Gegenüber absichtlich manipuliert oder sabotiert. Seien Sie also nicht grundsätzlich misstrauisch und sehen Sie nicht in allem eine Manipulation, denn häufig ist man sich der Wirkung auf das Gegenüber gar nicht bewusst. Nicht bei jeder negativen Grundhaltung muss es sich beispielsweise um ein bewusst eingesetztes Mittel zur Manipulation handeln.

Das Unterbewusstsein nach Freud

In einer posthumen Biographie des Denkers und Psychoanalytikers Sigmund Freud steht geschrieben, man hätte ihm einen Nobelpreis verleihen müssen, allerdings eher für Literatur, nicht für Medizin. Freud interessierte sich Zeit seines Lebens für seine Patienten, aber auch für Literatur und Mythologie. Aus diesem Grund sind seine Werke häufig nicht nur wissenschaftlich sondern auch literarisch und künstlerisch gehalten. Freud schloss aufgrund von Patientengeschichten auf verschiedene Annahmen. Seine Theorien über Penisneid und seine Selbstversuche mit Kokain lösten Kontroversen aus und dennoch schaffte es Freud mit seinem fortschrittlichen Denken, noch heute Gesprächsgegenstand und Pionier der Psychologie zu sein. Zwar sind viele seiner Theorien überholt oder mittlerweile relativiert worden, auch weil sie stark auf die damalige Zeit in Wien ausgerichtet waren, immer noch gibt es aber auch verschiedene Denkmuster und Modelle von Freud, die in der „Psychologie von heute“ diskutiert werden. Seine Idee der Psychoanalyse ähnelt beispielsweise dem Therapieverfahren stark, das viele Therapeuten noch heute anwenden.

Eine Idee bzw. ein Begriff, der mit Freud eng in Verbindung stand, hat die Vorstellung des menschlichen Verhaltens und Denkens besonders geprägt: **die Idee des Bewussten und Unterbewussten**.
Heute ist man sich einig, dass Menschen **nur bedingt bewusst handeln** und sehr viele Dinge des Alltags unterbewusst erledigen. Das können Handlungen sein, die so oft ausgeführt werden, dass sie einfach nicht mehr bewusst wahrgenommen werden, oder Gedanken, die für das eigene Gemüt als schädlich empfunden und daher in das Unterbewusste verschoben werden. Freud war schon, zum Ende des 19. und zu Beginn des 20. Jahrhunderts davon überzeugt, dass Menschen nur sehr wenig bewusst wahrnehmen. In diesem Atemzug machte er sein Modell der Struktur der Psyche publik. Dieses Modell wurde im Nachhinein mit der Skizze eines Eisbergs veranschaulicht. In Freuds Modell gibt es drei Instanzen: das Es, das Ich und das Über-Ich. Das Es funktioniert nach dem Lust-, das Ich nach dem Realitäts-, das Über-Ich wiederum nach dem Moralitätsprinzip. Das Ich übernimmt die Aufgabe des Mittlers zwischen den beiden übrigen Instanzen und handelt nach der Devise: welche

Inhalte aus dem Es und Über-Ich sind realisierbar? Es fungiert als Randgebiet des Es und vermittelt nicht nur zwischen den Ansprüchen beider Instanzen, sondern auch zwischen und mit der sozialen Umwelt, um Konflikte zwischen den Instanzen konstruktiv aufzulösen. Das Ich verkörpert die vernünftige Komponente, das selbstkritische Denken, die kritisch-rational gesicherten Normen jedes Individuums, die realitätsgerechten Wertvorstellungen und Weltbilder. Es ist für das Denken, Erinnern und Fühlen verantwortlich und agiert größtenteils im bewussten Bereich. Das Es ist hingegen der Ort für die Ängste, verborgenen Konflikte, Traumata, Triebe und Instinkte des Menschen. Das Es besteht dabei auch aus Inhalten früherer Entwicklungsphasen. Das Es kennt des Weiteren keine Verneinung, keine Zeit, keinen Widerspruch und steht beispielsweise mit dem Sexualtrieb, dem Hungertrieb, allgemein den Bedürfnissen und Affekten des Menschen (Neid, Hass, Vertrauen, Liebe) in Zusammenhang. Das Über-Ich enthält die Handlungsnormen aus der erzieherischen Umwelt, enthält außerdem die Ideale, Rollen und Weltbilder des Menschen. Das Über-Ich kann außerdem als Gewissen, als moralische Instanz voller Wertvorstellungen, sowie elterlicher Gebote und Verbote angesehen werden. Autoritäten dienen dem Über-Ich als Vorbild. Das Über-Ich mit seinen Vorstellungen von Gut und Böse fungiert als Gegenpart zum Es. Dieses Modell wird daher mit einem Eisberg verglichen, weil ein Eisberg zum Wesentlichen ebenfalls unter der Meeresoberfläche liegt. In diesem Sinne ist ein Eisberg mit der Psyche des Menschen zu vergleichen. Beim Menschen liegt das Es im Verborgenen, dort, wo sich das Unterbewusstsein befindet. Das Über-Ich ist auch im unbewussten Bereich, tendiert allerdings mehr **in Richtung** Bewusstsein, während das Ich im Bewusstsein agiert und damit den sichtbaren Teil des Eisbergs verkörpert, der aus dem Meer herausragt (vgl. Freud 1933, S. 80-112).

Dieses Wissen wird Ihnen unter anderem dabei helfen, die menschliche Psyche besser zu verstehen. Wenn Sie manipuliert werden, dann wird diese Manipulation meistens unterbewusst ablaufen, sofern sie jedenfalls gut umgesetzt wurde. Manipulation durch die Werbung funktioniert beispielsweise auf diese Art und Weise. Hier werden Ihre Triebe, Impulse und Bedürfnisse angesprochen. Dem Modell zufolge ist in diesem Zusammenhang also Ihr Es gefragt. Da es keine Verneinung kennt, wird es für Sie umso schwerer werden, den Versuchungen der Werbeindustrie zu widerstehen. Im Übrigen war einer der Neffen Sigmund Freuds der Wegbereiter und Pionier des Begriffs und Berufsfeldes PR (Public Relations) und machte sich auf diesem Gebiet die Entdeckungen seines Onkels unter anderem zunutze. Indem Sie verstehen, wie Ihre Psyche funktioniert, können Sie sich besser gegen unterschwellige Angriffe und Manipulationsversuche, beispielsweise aus der Werbeindustrie, schützen. Dafür müssen Sie sich bewusst machen, was Sie wirklich wollen, um nicht von Ihren unterbewussten Trieben dominiert zu werden.

Push-Pull-Techniken beim Flirten

Manipulationstechniken kann es natürlich in vielen Zusammenhängen geben. Viele dürfte es beispielsweise interessieren, wie Partnerschaften durch Manipulation beeinflusst werden können. Vor allem der frühe Status einer Partnerschaft ist in diesem Kontext interessant, nämlich das Kennenlernen. Wie kann eine Frau oder ein Mann von den eigenen Fähigkeiten und vom eigenen Charakter schnellstmöglich überzeugt werden? Dafür kann unter anderem die sogenannte „Push-Pull"-Technik genutzt werden. Wie diese Technik funktioniert, werden Sie im Folgenden erfahren. Mit Push und Pull ist in diesem Kontext „Wegstoßen-Heranziehen" gemeint. Diese Technik ist speziell für Männer geeignet, die Frauen kennenlernen wollen.

Schritt 1: das Kompliment: zunächst geht es darum, der gewünschten Dame ein ernst gemeintes Kompliment zu machen. Wie man einer Frau Komplimente bereitet, ist wiederum ein eigenes Thema für sich. Ein Kompliment könnte beispielsweise so lauten: „deine Kleidung sieht sehr kreativ aus, wie die einer Künstlerin!" – PULL

Schritt 2: das Kompliment relativieren: nun kann eine Bemerkung angebracht werden, welche das Kompliment teilweise, aber nicht vollständig relativiert bzw. entkräftet: „bis auf die Schuhe, die ich hübsch finde, die aber eher elegant sind statt dem kreativen Look entsprechen, finde ich!" ***– PUSH***
Wichtig ist es bei dieser Technik, freundlich und positiv zu sein. Auch wenn also teilweise Kritik entgegengebracht wird, muss die vermittelte Botschaft „ich mag dich" sein. Achten Sie darauf, dass die Kritik nicht zu heftig ausfällt, vor allem, wenn Ihr Gegenüber empfindlich ist. Auf diese Weise ziehen Sie die Person zu Ihnen hin und dann pushen Sie sie wieder ein wenig weg, weshalb man von der „Push-Pull"-Technik spricht. „Du bist süß, aber auch sehr ausgeflippt!"
Es gibt im Grunde genommen zwei Motive, warum diese Technik bei Frauen zum Erfolg führen kann. Durch die angesprochene Technik erzeugen Sie bei der Frau ein Wechselbad der Gefühle. Dabei sind Frauen bekanntlich in der Regel schon sehr emotional, was Sie sehr wahrscheinlich interessant wirken lässt. Da Sie ambivalente Signale aussenden, wird die Frau an Ihren Lippen kleben und möchte Sie komplett überzeugen. In diesem Zusammenhang kann vielleicht der Mythos vom gemeinen Macho-Mann herangezogen werden, der Frauen anzieht. Vermutlich müssen Männer dafür nicht gemein oder fies,

sondern eher interessant und nicht zu angepasst sein. Außerdem sind es attraktive Frauen gewohnt, Komplimente zu hören. Äußern Sie ein standardmäßiges Kompliment, werden Sie vermutlich nicht in Erinnerung behalten werden. Dann sind Sie einer von vielen. Mit Ihrer gleichzeitigen Kritik heben Sie sich automatisch ab und werden interessant. Wurde die Aufmerksamkeit erst einmal gewonnen (Pull), kann auch die Körpersprache benutzt werden, um im nächsten Schritt vermeintliches Desinteresse (Push) zu vermitteln. Dieses „Spiel" benötigt allerdings etwas Fingerspitzengefühl, schließlich soll dabei niemand verletzt oder keine Möglichkeit vertan werden. Sind Sie allgemein schon schüchtern gegenüber Frauen, kann es gut sein, dass diese Methode für Sie nicht funktioniert, sofern Sie diese denn überhaupt anwenden wollen. Für Männer mit großen Selbstbewusstsein und viel Fingerspitzengefühl hingegen eignet Sie sich sehr. Gehen Sie stets behutsam um, denn Sie wollen ja niemanden vor den Kopf stoßen, sondern sich nur selbst interessant machen!

Psychologische und logische Manipulationstechniken

Neben der vorgestellten Push-Pull-Technik und der beschriebenen schwarzen Rhetorik gibt es im Alltag noch viele weitere psychologische und logische Techniken, um Menschen oder um Gespräche zu manipulieren. Inwiefern Sie die folgenden Techniken zu Ihrem Vorteil verwenden wollen, müssen Sie im Zweifelsfall selbst entscheiden.

Die folgende Liste kann dazu beitragen, dass Sie kein Opfer einer Manipulationstechnik werden und Sie sich schon im Ansatz darüber bewusst sind, wenn Sie eventuell getäuscht werden.

Technik 1: Die Aktivierung des schlechten Gewissens

Das Über-Ich, eine Instanz der Seele des Menschen nach Sigmund Freud, beinhaltet unter anderem das Gewissen. Da das Über-Ich eine von drei Instanzen der Psyche darstellt, können Sie sich vorstellen, wie mächtig das eigene Gewissen für einen Menschen ist. Daher kann es eine beliebte Taktik sein, wenn an Ihr Gewissen appelliert wird. Sie sollten stets überprüfen, ob es wirklich angebracht ist, im jeweiligen Fall moralische Maßstäbe anzulegen oder ob Sie mit dieser Taktik lediglich verweichlicht werden sollen.

Technik 2: Falsche Alternativen

Eine Taktik im Gespräch kann so aussehen, dass Ihnen Alternativen zur Wahl vorgestellt werden, die eigentlich gar keine Alternativen sind. Mit dieser Methode sollen Sie in eine bestimmte Richtung gedrängt und damit manipuliert werden. Nicht selten ist eine der Wahlmöglichkeiten also gar keine echte Option. „Entweder du räumst dein Zimmer auf oder Opa kommt nicht zu Besuch", könnte beispielsweise die Ansage einer Mutter an ihren Sohn lauten. Dass Opa auch zu Besuch kommen wird, obwohl das Zimmer nicht aufgeräumt ist, wird ein Kind vermutlich nicht erahnen können. Im Praxisfall sind solche scheinbaren Alternativen, die aber gar keine sind, besser verpackt, weshalb man bei der jeweiligen Formulierung genau hinhören und aufpassen muss.

Technik 3: Mitleid erwecken / Schwarzmalerei

Menschen sind in der Regel empathisch und das sind sie deshalb, weil sie sich einfühlen können, da wir im Laufe des Lebens alle ähnliche Erfahrungen machen. Ein probates Mittel ist es unter Umständen, auf Ihr Mitleid zu setzen. Gutmütigkeit ist eine sehr wertvolle und lobenswerte Eigenschaft, doch sie kann auch gefährlich sein, da man dazu neigen könnte, zu schnell ausgenutzt zu werden bzw. Menschen zu schnell oder einfach zu glauben, weil man das Gute in ihnen sehen möchte. Appelliert daher jemand an Ihre Güte, setzen Sie möglichst neutrale Maßstäbe an, um herauszufinden, wie ernst es Ihr Gegenüber wirklich meint. Auch könnte Schwarzmalerei ein Mittel des Gegenübers sein, um an Ihr Verständnis und schließlich an Ihre Einsicht zu gelangen.

Technik 4: Angst nutzen

So wie Moral und Gewissen das Kernstück des Über-Ich ist, so ist Angst eine entscheidende Komponente des Es (Instanzen der Psyche des Menschen nach Sigmund Freud). Daher macht es in diesem Zusammenhang Sinn, die Angst der Menschen zu triggern, wenn etwas erreicht werden soll. Politiker machen das heutzutage ganz bewusst, indem sie teilweise irrationale und absurde Ängste bei den Menschen schüren, um letztlich gewählt zu werden. Zeitungen bedienen sich oft am selben Trick und schrauben die Verkaufszahlen ihrer Auflage auf diese Art und Weise nach oben, indem sie sich dafür auch rhetorischer Mittel bedienen. Appelliert jemand an Ihre Angst, sollten Sie versuchen, standhaft zu bleiben und zu hinterfragen, warum jemand überhaupt dieses Gefühl in Ihnen auslösen möchte. Handelt es sich um eine ernstgemeinte Warnung oder möchte Sie jemand in eine Richtung drängen?

Technik 5: Trick der Menge

Menschen sind Herdentiere, daher existiert der Trick der Menge, welcher im Einzelfall sehr effektiv sein kann. In diesem Fall wird, um beispielsweise ein Argument zu untermauern oder um überzeugen zu können, an den Sinn der Gemeinschaft appelliert bzw. darauf hingewiesen, dass die Mehrheit der Menschen etwas ähnlich sieht wie man selbst. „Du bist sehr unfreundlich und das sehen hier alle so.“ Sollten Sie ähnliche Aussagen hören, gilt es, diese Aussagen zunächst natürlich ernst zu nehmen, denn Selbstkritik schadet nie. Je nach Situation kann Ihnen aber relativ schnell klar werden, dass Ihr Gegenüber seine Aussage nur auf diese bestimmte Weise getroffen hat, um Sie dadurch von etwas zu überzeugen. Dabei sollten Sie bedenken, dass Sie selbst dann eine bestimmte Meinung vertreten können, wenn der Rest einer Gruppe eine andere vertritt. Menschen schwimmen zwar gern im Strom, aber es lohnt sich immer, für eine eigene Meinung einzustehen. Neben dieser Tatsache sollten Sie die Aussage selbst hinterfragen, denn es ist unwahrscheinlich, dass Ihr Gesprächspartner wirklich „alle" gefragt hat, um an seine Meinung oder um zu seiner Haltung zu kommen. „Wer sind denn alle?", könnte diesbezüglich Ihre Frage lauten. Relativ schnell könnte sich im Anschluss herausstellen, dass Sie eben doch nicht „alle" als unfreundlich einschätzen.

Technik 6: Scheinargumente

Argumente sind die Hauptrollen in Diskussionen und Gesprächen. Menschen lieben Gründe und Begründungen und halten sich gerne daran fest, wenn anderen geglaubt werden soll. Doch nicht jeder Grund ist wirklich logisch und sattelfest. Überprüfen Sie daher die Argumente Ihres Gesprächspartners und stellen Sie für sich fest, ob diese wirklich logisch sind und zutreffen. Fällt Ihrem Gegenüber nämlich nichts mehr ein, wird er scheinheilige Argumente anführen, die einen Widerspruch schwer möglich machen können, sofern sie nicht in Gänze hinterfragt werden.

Technik 7: Gesprächsunterbrechung

Unterbrechungen von Gesprächen sind normal und natürlich, doch kommt es verdächtig oft zu solchen Unterbrechungen, könnte auch eine manipulative Gesprächstaktik Ihres Konversationspartners im Hintergrund stehen.

Dies könnte verschiedene Gründe und Motive haben. Ihr Gesprächspartner möchte Sie beispielsweise verunsichern und will so dafür sorgen, dass Sie aus der Balance geraten oder Ihre Sicherheit verlieren. Auch könnte sich Ihr Gesprächspartner unsicher fühlen, möchte von einem aktuellen Thema ablenken oder möchte sich beispielsweise mehr Zeit verschaffen, um eine Antwort zu geben.
Wird Ihnen auf diese Weise der Rhythmus genommen, können Sie bestimmte Fragen vielleicht nicht mehr stellen - oder die Dynamik eines Gesprächs wird dadurch schon im Ansatz zerstört.

Technik 8: Kritische Fragen
Konstruktive Kritik ist in einer Diskussion nicht unangebracht und doch werden Sie irgendwann merken, wenn Ihnen überdurchschnittlich viele, vielleicht auch unangebrachte kritische Fragen gestellt werden. Dann geht es vermutlich nicht mehr primär darum, wirklich konstruktiv zu sein, sondern eher in destruktiver Manier Ihre Autorität zu untergraben, um Sie unsicher zu stimmen. Sachlicher Kritik sollte man sich immer stellen, doch sind viele Fragen überdurchschnittlich und unsachlich kritisch, sagt dies einiges über denjenigen aus, der diese Fragen stellt - aber nicht unbedingt etwas über Sie.

Technik 9: Der Ankereffekt
Von Wissenschaftlern wurde bewiesen, dass sich Menschen, sobald es um mathematische Schätzungen geht, unterbewusst an Ankern orientieren, sofern sie zur Schätzung aufgefordert werden. Wird Ihnen beispielsweise etwas von den sieben Milliarden Menschen auf der Erde erzählt und Sie sollen im Anschluss die Zahl der Amseln auf unserem Planeten schätzen, dann könnte es sein, dass die Antworten sehr hoch ausfallen, was am Anker (sieben Milliarden Menschen) liegen dürfte.

Tatsächlich leben aber nur circa 500 Millionen Amseln auf der Erde.

Technik 10: Der Besitztumseffekt

Laut diesem Effekt, im Englischen nennt man ihn Endowment-Effekt, wird ein Gut dann als wertvoller eingeschätzt, sobald man es selbst besitzt. Dies kann noch weiter gesponnen werden und hat beispielsweise Einfluss auf die Steuerpsychologie. Die Wahrscheinlichkeit zur Steuerhinterziehung sinkt beispielsweise, wenn Steuerpflichtige eine Vorauszahlung tätigen müssen und im Nachhinein eine Rückzahlung erwarten, während die Wahrscheinlichkeit wächst, sobald nur eine Nachzahlung erwartet wird. Dabei kann der eigentlich zu zahlende Betrag identisch ausfallen.

Technik 11: Die Argumentationsfalle

„Entweder Sie entscheiden sich dafür oder dagegen!", „Entweder Sie stellen sich gegen die Belegschaft oder nicht!"... So könnten Ihre Auswahlmöglichkeiten aussehen, wenn Sie Opfer und Ziel dieser Argumentationsfalle werden. Hier werden Sie zu einer Entscheidung und in eine Ecke gedrängt, obwohl dies objektiv betrachtet eigentlich gar nicht nötig wäre. Häufig ist nämlich der goldene Mittelweg der richtige Weg. Die Antwort lautet also in diesem Fall: „ich entscheide mich weder dafür, noch dagegen. Ich entscheide mich für einen Kompromissvorschlag." Das Leben in schwarz und weiß zu sehen, hat letztlich selten Vorteile.

Technik 12: Die Analogie-Technik

Analogien sind Methoden, um Vergleiche anzustreben. Analogien können allerdings auch manipulativ genutzt werden, um sehr unpassende Vergleiche anzustreben und um schließlich dafür zu sorgen, dass sich eine Person so verhält, wie man es sich womöglich erhofft. Die Analogie-Technik könnte eingeleitet werden, indem Sie folgende Sätze hören: „Würdest du einen Banküberfall sehen, würdest du auch wegrennen. Warum regst du dich auf?“ Vielleicht hinterfragen Sie diese Technik nicht, weil Sie zu beschäftigt damit sind, sich zu rechtfertigen. Dabei wäre die Situation in Ihrem Fall vielleicht anders verlaufen und sie ist damit gar nicht analog oder ähnlich zur Geschichte Ihres Gesprächspartners. Sobald Analogien genutzt werden, sollten Sie sie hinterfragen und bewerten, ob die Analogie in diesem bestimmten Fall überhaupt Sinn ergibt.

Technik 13: Der emotionale Appell

Häufig im Leben gibt es Diskussionen, die lediglich auf der sachlichen und logischen Ebene zu führen sind. Seien Sie sich im Klaren darüber, wenn Sie Gespräche führen. Sobald Sie sich darüber bewusst sind, dass über ein Thema lediglich sachlich und neutral gesprochen werden sollte, werden Sie nicht von möglichen emotionalen Einschüben überrascht. Dahinter kann nämlich eine bewährte Taktik stecken: durch emotionale Appelle sollen sachliche Argumente durch Emotionen und Vorurteile überlagert werden, da Menschen auf Emotionen stark ansprechen, sofern Sie sich nicht darüber im Klaren sind, dass Sie durch emotionale Motive manipuliert werden sollen.

Technik 14: Die Präzisionsfalle / Die Autoritätsfalle

Aussagen werden von Menschen dann als wahr und plausibel eingeschätzt, wenn sie mit Zahlen, Daten, Prozentangaben und weiteren Werten und Relationen belegt werden. Daher spricht man in diesem Zusammenhang von der Präzisionsfalle. Objektiven Statistiken und Studien schenkt man Glauben, da man sie mit Zuverlässigkeit und Glaubwürdigkeit in Verbindung bringt. Ähnlich verhält es sich mit Autoritäten: diese werden selten in Frage gestellt und genießen unsere Gunst. Sind Sie sich diesen Tatsachen bewusst, können Sie durch Statistiken, Zitate und Daten nicht so leicht beeinflusst werden, zumal Statistiken und Daten nicht wahr bzw. echt sein müssen und immer aus dem Zusammenhang gerissen sein könnten. Andererseits kann es ein probates Mittel sein, um die eigene Durchsetzungsfähigkeit zu stärken, indem man seine Argumentation mit Zahlen, Fakten und Statistiken belegt.

Technik 15: Die Garantie-Taktik

Mithilfe der Garantie-Taktik manipuliert Sie jemand, indem er seine Glaubwürdigkeit zur Schau stellt und Sie dadurch beeinflusst. Glauben Sie den Aussagen des Gesprächspartners nicht, stellen Sie zugleich seine Autorität in Frage, was Sie womöglich nicht von Beginn an und ohne weiteres tun möchten. „Ich versichere Ihnen, Herr Schmidt, dass das sehr gut funktionieren wird.“ Behaupten Sie nun, dass das Vorhaben Ihrer Meinung nicht gut funktionieren wird, stellen Sie automatisch die „Versicherung“ Ihres Gesprächspartners in Frage. „Das ist der beste Weg, vertrauen Sie mir!“ Sollten Sie dennoch verständliche und ernsthafte Einwände haben, sollten Sie diese Versicherungen und Versprechen nicht davon abhalten, Ihre Zweifel und Ihre Meinung zu äußern, statt womöglich manipulativen Versprechungen Glauben zu schenken.

Technik 16: Killer-Phrasen

Sogenannte Killer-Phrasen ähneln den „Killer-Antworten“. Killer-Phrasen sind Floskeln und Sätze im Gespräch, die Sie schon oft gehört haben könnten, denen man im Einzelfall nicht viel zu erwidern hat. Dabei kann es sich um Ausdrücke wie „das haben wir schon immer so gemacht!“ (warum muss es denn immer so bleiben?), „das haben wir noch nie gemacht!“ (warum will man es nicht ausprobieren?) oder beispielsweise „da könnte ja jeder kommen!“ handeln. „Das ist Unsinn“, „das ist eben so“, „es ist alternativlos“, „da kann man nichts machen“, „wer nicht für uns ist, ist gegen uns!“… Phrasen, die man kennt, und die alle eine Gemeinsamkeit haben: sie haben keinen wirklichen Inhalt und sind nicht argumentativ. Es ist niemals falsch den Status Quo anzuzweifeln, denn ist er korrekt, so wie er ist, hat man in dieser Hinsicht auch nichts zu befürchten. Nichts ist pauschal unsinnig oder alternativlos, nur eben für diejenigen, die etwas als unsinnig oder alternativlos ansehen. Bereiten Sie sich auf diese Killer-Phrasen vor und verzichten Sie selbst auf solche Ausdrücke, wenn Ihnen etwas an Ihrer Argumentation liegt.

Technik 17: Trivialitätstrick

Sind Menschen ängstlich oder haben sie keine sachlichen Argumente, um sich auszudrücken, erkennen Sie dies oft am Trivialitätstrick. Sollten Sie beispielsweise umziehen wollen und Ihren Partner mit dieser Idee konfrontieren, könnte dieser folgendes antworten: „Wir müssen doch dann all unseren Freunden unsere neue Adresse geben. Das dauert ewig!“ Ein ziemlich triviales Argument, wenn es um einen Umzug geht. Daran erkennen Sie, dass jemand etwas gegen Ihr Argument hat, aber die wahren Gründe vermutlich verschleiert.

Technik 18: Blockieren und Sabotieren

Bereits im Kapitel bezüglich der schwarzen Rhetorik wurden Sie auf Sabotage- und Blockade-Taktiken innerhalb eines Gesprächs aufmerksam gemacht. Wird Ihnen mehrmals keine Antwort gegeben, versteht man Sie absichtlich falsch oder geht auf Ihre Fragen nicht ein, indem man ausweicht. Dann können Sie sich sicher sein, dass Ihre Gesprächsführung manipuliert werden soll. Ihr Gegenüber hat offenbar keine Argumente mehr übrig und will Sie absichtlich nicht verstehen. Ein Gespräch kann so sabotiert werden, indem ein schlechtes Gewissen erzeugt, eine Erklärung verweigert oder auf den eigenen Standpunkt verwiesen wird. Fragen werden in diesem Fall nicht beantwortet, die eigene Sicht hingegen umso häufiger wiederholt. In diesem Fall sollte man möglichst ruhig bleiben und diese Versuche der Manipulation gekonnt parieren, ignorieren bzw. umgehen.

Technik 19: Die Foot-in-the-Door-Technik

Wer sich der Foot-in-the-Door-Technik bedient, der hat nicht nur im übertragenen Sinne einen Fuß in der Tür. Bei dieser Technik handelt es sich um eine Strategie zur Manipulation und Beeinflussung. Dafür wird von Ihnen eine kleine Bitte abverlangt. Diese schlagen Sie in der Regel nicht ab. Diese Bitte wurde allerdings nur dafür verlangt, damit Sie im Anschluss eine noch größere Bitte erfüllen. Der Grund: haben Sie sich einmal dafür entschieden, eine Verpflichtung einzugehen, wird das positive Selbstbild einer „hilfreichen Persönlichkeit" bei Ihnen aktiviert. Wird dieses Selbstbild nun erneut gefordert, ist es umso wahrscheinlicher, dass man dieses Bild aufrechterhalten will. Sie können dieses Wissen nun dafür verwenden, um die Pläne Ihrer Mitmenschen zu durchschauen, sofern man Sie zwei Mal kurz hintereinander um zwei Dinge bittet. Oder Sie nutzen diese Technik, um selbst einen größeren Gefallen zu erfragen.

Technik 20: Die Konsistenz-Falle

Menschen mögen Konsistenz und eine Argumentation ist nur dann logisch, schlüssig und gelungen, wenn sie konsistent ist. Politiker werden immer wieder an den Pranger gestellt, weil sie sich widersprechen bzw. weil ihnen Wortbruch vorgeworfen wird. Kritiker oder Ihnen kritisch zugewandte Gesprächspartner könnten dies strategisch ausnutzen, indem man Sie bewusst als inkonsistent dastehen lässt. Ihnen werden Sätze entlockt, die Sie scheinbar in einen Widerspruch bringen und Sie zu einem Heuchler machen werden. Verlieren Sie auch in solchen Fällen nicht die Ruhe, argumentieren Sie differenziert und stellen Sie Ihre Position klar.

Technik 21: Die Konsens-Falle

Die Konsens-Falle kann beispielsweise in der Politik beobachtet werden. Das deutsche Grundgesetz gilt geschichtlich gesehen als Glücksfall, da es nach den Kriegszeiten die Souveränität der Menschenwürde unter anderem sicherstellte. Doch nach mehreren Jahrzehnten ist der Glanz des Grundgesetzes allmählich erloschen, denn das Werk ist voller Konstruktionsfehler und benötigt Reformen, damit Politik und Gesellschaft auch weiterhin davon profitieren können. Häufig wird an einem gemeinsamen Konsens festgehalten, weil eine Sache der Vergangenheit als gelungen gilt. Dabei werden Diskussionen und Veränderungen benötigt, um eine positive Entwicklung vorantreiben zu können. Vermeiden Sie selbst die Konsens-Falle, indem Sie immer nur nach Einigungen Ausschau halten oder streben.

Einführung in das Neurolinguistische Programmieren (NLP)

Wie wird NLP definiert?

Vor allem bei Menschen, die beruflich verstärkt mit der Kommunikation zu tun haben, gilt das Neuro-Linguistische Programmieren (kurz NLP) als sehr bedeutsames Konzept.

NLP wurde im Jahr 1975 von Richard Bandler und John Grinder begründet. Einer der wichtigsten Entwickler des NLP, Robert Dilts, beschreibt es als ein System und Verhaltensmodell, das in seinen Techniken und Fähigkeiten klar definiert ist.

Die Struktur des subjektiven Empfindens wird als NLP bezeichnet. Das gemeinsame Interagieren zwischen Sprache (Linguistik) und dem Nervensystem (Neuro) wird in Zusammenhang mit dem Körper kreiert. Das NLP erforscht diese entstehenden Muster, die auch als Programmierung bezeichnet werden.

Die Techniken für das NLP stammen aus dem Bereich der professionellen Kommunikation. Beispiele hierfür sind: Wirtschaft, Psychotherapie, Hypnose, Rechtswesen und Erziehung. Die Fertigkeiten für NLP bildeten sich vor allem aus den Beobachtungen von Mustern im Bereich des Tuns und Handelns.

„Neuro"

Über das Nervensystem nehmen Sie über die Sinnesorgane Informationen aus Ihrer Umwelt auf. Das Nervensystem ist für die Wahrnehmung, das Denken und Fühlen, sowie für Ihr Verhalten verantwortlich.

„Linguistik"

Sie kommunizieren sowohl mit anderen Menschen, wie auch innerlich mit sich selbst. Diese verwendete Sprache bezeichnet man als Linguistik. Sie können sich gesprochene Sätze oftmals bildlich vorstellen, z. B. wenn Sie sagen, dass etwas gut aussieht. Hier verraten Sie mehr, als Sie eigentlich ausdrücken wollten. Die innere Wirklichkeit wird so nach außen beschrieben und geschaffen.

„Programmieren"

Die systemische und zielgerichtete Veränderung bezeichnet man als Programmierung. „Um nicht jedes Mal von vorn anzufangen, kann ich mich bewusst und gezielt verändern. Diese Änderung möchte ich beibehalten und daran anknüpfen" - dies ist ein Ansatz des NLP.

NLP stellt eine Option dar, seine Kommunikation zu verbessern und sich persönlich weiterzuentwickeln. In vielen Bereichen ist NLP zu finden. Beispiele hierfür sind: Sport, Verkauf, Führung und Therapie. Um sein Leben und die eigene Persönlichkeit zufriedener und erfolgreicher zu gestalten, lässt sich das NLP gut einsetzen. NLP dient als hilfreiches Werkzeug, das von jedem erlernt und eingesetzt werden kann.

Herkunft des NLP

Das Neuro-Linguistische Programmieren wird mit NLP abgekürzt. Um 1970 wurde es von Frank Pucelik, Richard Bandler und John Grinder entwickelt.

Das Modell des NLP wurde seitdem immens erweitert.

Durch das Interesse an erweiterten Lehrmethoden angetrieben, hielten John Grinder und Richard Bandler eine Reihe von Seminaren ab.

Die Debatte, warum einige Psychotherapeuten erfolgreich waren und andere nicht, kam im Zuge der Zusammenarbeit bei den beiden auf. Sie analysierten die effektiven Vorgehensweisen besonders erfolgreicher Therapeuten genau und fassten diese zusammen. Resultiert daraus sind grundlegende Zielsetzungen des NLP, die im späteren Verlauf an zahlreiche Menschen weitergegeben worden sind. Durch das konzeptionelle Modellieren von versierten Therapeuten entstand NLP.

5 Sinneskanäle des NLP

Die wichtigsten Grundthesen des NLP sind, dass die eigene Wahrnehmung und die inneren Begebenheiten eines Menschen gleichgestellt sind und zur Diagnose psychischer Beeinträchtigungen hilfreich sein können, und zwar durch Anamnese der Patienten.

Sinnesbild VAKOG (visuell, auditiv, kinästhetisch, olfaktorisch, gustatorisch)

Folgende These liegt hier zugrunde:

Die Umwelt wird vom Menschen mit den Sinnen wahrgenommen:

1. Mit den Augen sehen, Sehsinn - Visuell
2. Mit den Ohren hören, Hörsinn - Auditiv
3. Haptik, spüren und tasten mit allen Körperteilen - Kinästhetik
4. Mit der Nase riechen, Geruchssinn - Olfaktorisch
5. Mit der Zunge schmecken, Geschmackssinn – Gustatorisch

Zwei Sinneskanäle werden laut Annahme des NLP bevorzugt von einem jeden Menschen. Häufig handelt es sich entweder um den visuellen sowie akustischen oder den visuellen und kinästhetischen Einfluss. Auf dieser Gliederung beruht die Theorie der Lerntypen, die besagt, mit welchen Sinneskanälen ein Mensch am besten wahrnehmen und behalten kann. Manche Menschen lernen besser, wenn sie sich etwas laut vorlesen, andere, wenn sie es sich aufzeichnen und betrachten können. In fundierten Analysen können jedoch keine bevorzugten Kanäle festgestellt werden.

Sollte der Download nicht funktionieren, so schreiben Sie bitte an: greatebooks.4u@gmail.com

Wir von Great Books 4YOU werden dann dafür sorgen, dass Sie die Datei zur NLP-Übungswoche für Anfänger direkt per E-Mail als Anhang erhalten.

(Manipulations-)Techniken des NLP

Eine Vielzahl an Techniken wurde in der Neurolinguistischen Programmierung (NLP), einer sich stetig weiterentwickelnden Methodensammlung zur äußeren und inneren Kommunikationssteuerung, zusammengefasst. Hier haben wir für Sie ein paar Methoden aufgelistet, die man sozusagen als Basics bezeichnen kann und sich sehr gut für Anfänger eignen, um sich erstmals im NLP auszuprobieren.

Rapport

Bestimmt ist es Ihnen auch schon einmal passiert, dass Sie sich mit jemandem sofort gut verstanden haben und Sie direkt auf einer Wellenlänge waren. Diese Wellenlänge heißt in der Psychologie „Rapport" und bedeutet bei der Kommunikation ein vertrauensvolles, wechselseitiges Aufeinander-bezogen-Sein.

Rapport entsteht durch spontane Sympathie und das Entdecken von Gemeinsamkeiten. Außerdem hilft er Ihnen ungemein, Ihrem Ziel und der bewussten Steuerung der Situation zum eigenen Vorteil näherzukommen. Ob zwischen Gesprächspartnern

Rapport besteht, erkennt man schnell, wenn ihre Körperhaltungen und Bewegungen ähnlich sind, sich ergänzen und zusammen gelacht wird. Außerdem können Sie Gemeinsamkeiten mit Ihrem Gegenüber feststellen und ihn darauf direkt ansprechen („Du fährst das gleiche Auto wie ich" oder „Ich bin auch ein großer Fan des Fußballvereins XY"), wodurch ebenfalls Rapport erzeugt wird.

Spiegeln

Um den Rapport bewusst einzusetzen, benutzen wir die drei Kommunikationssysteme und spiegeln unser Gegenüber. In der Sprache gelingt dies am besten durch eine Anpassung der Wortwahl und des Sprachniveaus. Es sollten ähnliche Redewendungen und Beschreibungen wie die des Gesprächspartners gewählt werden. Im paraverbalen System sollte auf ähnliche Pausen, Sprechtempo, Stimmlage und Lautstärke geachtet werden. Beim nonverbalen System gilt es, kleine Bewegungen wie das Vor- oder Zurücklehnen, Haare hinter das Ohr Streichen, die Kleidung anzupassen oder die Atemgeschwindigkeit zu spiegeln. Allerdings müssen Sie beim Spiegeln aufpassen, dass es Ihrem Gegenüber nicht auffällt! Sonst könnte Ihr Vorhaben schnell scheitern. Vor allem bei körpersprachlichen Interaktionen sollte mit dem Spiegeln ein Augenblick gewartet werden, damit Ihr Gegenüber nicht denkt, Sie „machen ihn nach".

Leading

Eine weitere Methode Rapport zu gestalten ist Leading. Wenn durch Spiegeln (sogenanntes Pacing) Rapport aufgebaut wurde, kann in der nächsten Phase durch Leading der Gesprächsverlauf und die Richtung, die die Kommunikation nehmen soll, selbst gestaltet werden. Beim Leading führen Sie Ihr Gegenüber in eine Richtung, die Sie vorgeben. So kann durch langsameres Reden und Atmen Ihr Gegenüber beruhigt werden und Sie können ihn langsam an Ihr Anliegen heranführen.

Reframing

Eine weitere Methode bildet das Reframing. Dies ist ein kleiner psychologischer Trick, bei dem man die Rahmengröße oder den Blickwinkel auf Ereignisse verändert, indem man eine Umdeutung vornimmt. Sollten Sie z. B. das Fenster öffnen und jemand beschwert sich, weil es zieht, könnten Sie sagen, er solle sich an der frischen Luft erfreuen. Dies wäre dann eine Umdeutung des Inhalts. Es gibt aber auch die Option einer Umdeutung des Kontextes. Z. B. ein schlecht behaftetes „pingelig"-Sein in der Familie kann im Beruf viele Vorteile bringen. Es liegt immer im Auge des Betrachters.

Bei einer weiteren Reframingtechnik achtet man auf mit „aber", „und" oder „obwohl" verbundene Aussagen. Hierbei handelt es sich um das Vor- oder Zurückstellen eines Satzteils, wodurch sich die beiden Satzteile unterschiedlich bewerten bzw. verschieden betonen lassen.
-Ich trainiere täglich, aber muss nicht auf meine Kalorien achten: Aussage nach aber wird betont.

Ausführliches Beispiel: Ihre Frau fragt Sie, ob sie zu dick sei. Hier muss sehr vorsichtig gehandelt werden, sonst geht es schief! Nutzen Sie diese Technik und machen Sie die „Aber-Aussage". Das vorher Gesagte wird dadurch in den Hintergrund gerückt.
„Ich finde dich nicht dick, aber wo ich mir dich so anschaue, gefällt mir vor allem dein sexy Hintern", wäre eine gute Möglichkeit, das Gespräch in positiver Weise zu manipulieren und zu steuern.
Fragt sie öfter, ob sie zu dick sei, könnten Sie antworten, dass Sie sie in jeder Form schön finden und sie so genau richtig für Sie ist.

Auch wenn Menschen negative Anmerkungen zu ihrem Körper machen, beziehungsweise Fragen stellen, sollten Sie darauf eingehen. Sonst hätten sie es nicht laut ausgesprochen, wenn Sie sich keine Antwort wünschen würden.
-Ich trainiere täglich, obwohl ich nicht auf meine Kalorien achten muss:
Aussage vor obwohl tritt in den Vordergrund.

-Ich trainiere täglich und muss nicht auf meine Kalorien achten:
Beide Aussagen sind gleich bewertet.
Sie müssen also für sich entscheiden, welchen Teil Sie betonen möchten oder welcher Teil vielleicht lieber in den Hintergrund gehört. Ihre positiven Erfahrungen sollten z. B. nicht mit einer „Aber-Aussage“ danach heruntergemacht werden. Beispielsweise sollten Sie im Bewerbungsgespräch Ihre guten Noten nicht durch Ihre mangelnde Berufserfahrung entwerten.
„Ich habe nur Einser, aber leider kaum Praxiserfahrung in diesem Beruf“=falsch.
„Ich habe nur Einser geschrieben“=richtig.

„Wenn Sie das Auto kaufen, werden Sie viel Freude daran haben, aber es verbraucht viel Benzin“=falsch. „Wenn Sie das Auto kaufen, werden Sie viel Freude daran haben“=richtig.

Power-Reframing

Power-Reframing ist eine weitere Technik, die auf Umdeutung basiert und oft in der Werbung benutzt wird. Es soll erreicht werden, dass sich die Werte eines Menschen durch Umdeuten eines Kriteriums in ein wichtigeres Kriterium verändern. In einer Autowerbung einer bekannten Marke verlässt eine Frau ihren Mann, wirft alle Sachen, die sie an ihn erinnern weg - zögert allerdings beim Wegwerfen des Autoschlüssels und behält ihn letztendlich. Dies impliziert ein Power-Reframing, nämlich die

Umdeutung des Kriteriums der Sachen, die die Frau an ihren Mann erinnern und der Umstand, dass das Auto über den Verlust des Mannes/dem Beziehungsaus steht.
Eine weitere sehr nützliche Methode ist **positives Denken durch positives Umdeuten.** „Die eine Tür schließt sich, eine andere öffnet sich“. „Das Glas ist halb voll“. Viele Optimisten nutzen diese Technik für sich. Das Umdeuten der Reframing-Techniken können Sie für sich selbst heranziehen, indem Sie den Kontext mit dem Zeitrahmen verändern. Eine kürzere oder längere Betrachtung eines Projektes kann viel ausmachen. So auch die Sichtweise. Wird aus der Sicht eines Einzelnen oder aus der Sicht vieler betrachtet? Auch eine Veränderung der Perspektive kann den Rahmen einer Begebenheit ändern. Läuft die Maus zum Käse oder läuft sie nur vor der Katze weg? Viele dieser Tricks können dabei helfen, die Sichtweisen anderer aber auch die eigene zu manipulieren bzw. verändern.

Ankern

Je nachdem wie wir geprägt sind, behalten wir auf unterschiedliche Weise Informationen. Manche Menschen können sich Dinge besser einprägen, wenn sie sie hören, andere, wenn sie sie sehen usw. Sicherlich kennen Sie den Begriff eines Lerntyps, damit ist nichts anderes gemeint als diese Prägung. Während einer besonders gut lernen kann, indem er sich Hörbücher über die jeweilige Thematik anhört, kann ein anderer sich die Informationen besser merken, wenn er sie liest. Es besteht eine Verknüpfung beim Menschen zwischen dem, was er hört, sieht, fühlt usw. So verbindet er zum Beispiel ein bestimmtes Lied (=akustischer Anker) mit einem Gefühl, das er hatte, als er dieses Lied zum ersten Mal hörte. Immer wenn er diesen Song nun hört, erlebt er das Gefühl von damals erneut, selbst wenn es schon lange zurückliegt. Genauso kann ein bestimmtes Geräusch, wie das Knarren einer alten Treppe, den

Menschen an ein bestimmtes Ereignis erinnern, welches mit diesem Knarren verbunden ist. Das Ankern meint nun nichts anderes, als eine solche Verknüpfung bewusst herzustellen. Man verbindet dabei automatische Gedanken mit beeinflussbaren, steuerbaren Vorgängen. Jemand der NLP anwendet, macht sich also entweder vorhandene Assoziationen zunutze oder knüpft neue. Dabei kann mit Gefühlen und auch Gedanken gearbeitet werden. Ein konkretes Beispiel für das Ankern ist, dass man immer, wenn man sehr glücklich ist, bestimmte Bewegungen ausübt. So werden diese Bewegungen mit den Glücksgefühlen verknüpft. Führt man diese Bewegungen dann aus, kommen die Glücksgefühle automatisch auf.

Kalibrieren

Kalibrieren bedeutet so viel wie ein technisches Mittel zum Messen, neu justieren. Beim NLP meint das Kalibrieren die Fokussierung auf die Kommunikation zwischen Menschen, wobei die nonverbale Kommunikation ganz genau wahrgenommen werden soll. Äußerliche Merkmale sollen der Gefühlswelt, dem Inneren des Menschen, beim sogenannten Kalibrieren zugeordnet werden. Bei dieser Technik sollen nicht nur allgemeine Merkmale und Reize wahrgenommen werden, sondern es soll besonders auf sein Gegenüber geachtet werden mit seiner individuellen Gefühlslage, seinen speziellen körperlichen Zuständen und seiner Verfassung.

Indem man bis ins Detail genau kalibriert und beobachtet, zieht man Schlüsse darüber, wie der andere auf die Einflüsse reagiert. Vor allem auf Veränderungen in der Physiologie (z. B. schneller Atem, Pulsschlag usw.) des anderen soll geachtet werden. Sie bemerken solche Veränderungen beim Gegenüber vor allem dann, wenn emotionale Themen aufgegriffen werden. Denn bei stark emotionalen Themen wird häufig der Atem tiefer. Achten Sie ab sofort auf solche Veränderungen. Anfangs ist es schwierig sie zu erkennen, doch mit etwas Übung werden Sie schon bald bemerken, wenn sich Atem und Muskelanspannung verändern oder der Puls schneller wird. Um nämlich die Technik des Kalibrierens anwenden zu können, müssen Sie zuerst in der Lage sein, körperliche Veränderungen Ihres Gegenübers wahrzunehmen.

Woran Sie erkennen, ob jemand an Ihnen NLP anwendet

So erkennen Sie, ob Sie gespiegelt werden

Das Spiegeln ist eine Technik, in der ganz bewusst die Körpersprache des Gegenübers gespiegelt, also nachgemacht wird, um dessen Sympathie und Vertrauen in Kürze zu gewinnen.

Ob eine Person Sie spiegelt, können Sie recht gut daran erkennen:

-Ihr Gegenüber wählt die gleichen Worte wie Sie oder bedient sich einem ähnlichen Sprachniveau, obwohl er sonst ein anderes hat!

-Ihr Gesprächspartner spricht ähnlich schnell beziehungsweise laut wie Sie und setzt auch seine Sprechpausen bzw. Stimmlage ein wie Sie.

-Der vermeintliche Manipulator ahmt kleine Körperbewegungen nach, die Sie machen – ein besonders geschickter lässt ein wenig Zeit vergehen, bevor er dies macht, damit Sie es nicht bemerken.

Profis imitieren nicht nur Ihre Gestik oder schlagen Ihre Beine ebenfalls übereinander, wenn Sie das tun, sondern passen sogar ihren ATEM an den IHREN an!

So erkennen Sie, ob Rapport hergestellt wird

Rapport beschreibt es, wenn es Künstler der Manipulation bzw. des NLP geschafft haben, in Kürze zu erzeugen, dass Sie sich mit ihnen auf einer Wellenlänge befinden. Sie genießen Ihr Vertrauen.

Nie kämen Sie auf die Idee, an der Echtheit dieser Person zu zweifeln oder es in Betracht zu ziehen, dass diese Sie manipulieren wolle.

Ob mit Ihnen bewusst Rapport hergestellt wurde, erkennen Sie daran:

-Ihr Gegenüber hat viele Gemeinsamkeiten mit Ihnen entdeckt.

-Die Körpersprache Ihres Gesprächspartners ähnelt der Ihren

-Sie lachen viel gemeinsam

Wenn bereits Rapport herrscht, können Sie sich sicher sein, dass diesem das sogenannte Spiegeln vorausgegangen ist!

So erkennen Sie, ob Ihr Gegenüber Leading anwendet

Rapport herstellen kann man auch mit Leading. Leading beschreibt das bewusste Führen der anderen Person und zwar in die Richtung, in die derjenige, der führt, es möchte.

Ob an Ihnen die Technik Leading angewandt wird, erkennen Sie daran:

-Vorausgegangen sind die Phasen des Spiegelns und/oder Rapports, das heißt, Ihr Gegenüber hat tolle Gemeinsamkeiten entdeckt, die Sie teilen und sich insgesamt sehr an Sie und Ihre Körpersprache angepasst, sodass Vertrauen aufgebaut wurde.

-Meistens merkt man nicht, dass Leading im Spiel ist, sondern alles fühlt sich ganz natürlich und gar angenehm an.

-Ihr Gegenüber versucht Sie, zum Beispiel durch langsameres Reden, in eine bestimmte Richtung zu ziehen (er möchte dafür

sorgen, dass Sie entspannter sind, z. B. wäre das im Sinne eines Verkäufers, der besser verkauft, wenn der Kunde entspannt ist). Erst wird Ihr Gegenüber Sie dort abholen, wo Sie sind, sprich vorerst wird er Ihr Redetempo übernehmen. Dann wagt er den ersten Schritt des Führens und spricht ein wenig langsamer, in der Hoffnung, Sie würden ihm folgen. Fakt ist, dass wir Menschen das meist einfach machen (unbewusst), vor allem, wenn uns jemand sympathisch ist. Dies kann gesteigert werden, indem er immer langsamer spricht und Sie ihm dabei weiter folgen.
-Das Gleiche gilt für die Atmung. Auch durch entsprechendes Atmen (langsamer oder theoretisch auch schneller) bekommt Ihr Gesprächspartner Sie dorthin, wo er Sie haben möchte.

Wie Sie Lügen entlarven

Lügen haben bekanntlich kurze Beine! Und bei Pinocchio wurde die Nase länger, wenn er gelogen hat. Ganz so offenkundig werden Ihnen Lügner im Alltag nicht begegnen. Hier sind ein paar Tipps, mit denen Sie einfacher erkennen können, ob Sie gerade jemand anflunkert!
3 Formen des Lügens: Lügen werden in drei verschiedene Formen unterteilt. Es gibt die direkte Lüge, das Ablenkungsmanöver und das Auslassen einer Antwort.

Beispiel: Frage= Hast du den letzten Schokoriegel genommen?
1. Direkte Lüge= Nein, den habe ich nicht genommen.
2. Ablenken= Beim Laden um die Ecke gibt es köstliche Schokoriegel, die du probiert haben musst.
3. Weglassen der Beantwortung: Vorher waren da noch zwei in der Schüssel.

Die wahre Lüge: Der Lügner wird alles Menschenmögliche tun, um Ihnen seinen Schwindel als Fakt und als wahr zu präsentieren. Achten Sie besonders auf seine Körpersprache! Er wird Sie direkt ansehen und auf geschickte Art versuchen, Ihre Sympathie zu bekommen. Er möchte schließlich, dass Sie ihm vertrauen und seine Wahrheit als die Ihre sehen. Menschen, die Ihnen bereits sympathisch sind, sind hier klar im Vorteil: Ihnen vertrauen Sie bereits und dies kann skrupellos ausgenutzt werden.

Den Lügner studieren: Versuchen Sie objektiv zu bleiben und scheren Sie nicht alle Menschen über einen Kamm. Denn: Nicht jeder Mensch zeigt die gleichen Lügen-Symptome. Es gibt Menschen, die gehen offen mit sich selbst um und haben Schwierigkeiten etwas zu verbergen. Andere wiederum scheinen prädestiniert zu sein, ihre Außenwelt anzulügen und mutieren nicht selten zu notorischen und gekonnten Lügnern. Wenn Sie eine Person gut kennen und sie einschätzen können, ist das ein nicht unterschätzbarer Vorteil. Hier wird es definitiv schwieriger, Sie an der Nase herumzuführen. Vielleicht spielt eine Kollegin stets nervös mit ihren Fingern, wobei es egal ist, ob andere dabei sind oder sie alleine ist ... (In diesem Fall dürfen Sie bei der vorliegenden Marotte - dem Spielen mit den Fingern - nicht direkt von einer Lüge ausgehen.) Es gibt durchaus schüchterne Menschen, die unsicher sind und Blickkontakt meiden. In diesem Fall darf man auch nicht direkt von einer Lüge ausgehen, denn es spiegelt die alltägliche Verhaltensweise eines Menschen und kein sogenanntes Lügen-Symptom. Sie müssen mithilfe des vorangegangenen Vier-Seiten-Modells die Kommunikation zusätzlich zur Körpersprache untersuchen. Was fällt Ihnen auf und wie verhält sich dieser Mensch sonst? Vergleichen Sie dann Ihre Analyse der Vergangenheit (komplettes Verhalten der Person) mit dem aktuellen Moment, in der Sie scheinbar von dieser Person belogen werden.

Fremde Menschen einschätzen: Treffen Sie einen neuen Menschen, ist es natürlich erheblich schwieriger, seine Verhaltensweisen einzuschätzen. Ihnen fehlen Vergleichskomponenten seines alltäglichen Verhaltens, was die Analyse seiner Körpersprache angeht. **Doch auch hier gibt es einen kleinen Kniff, den Sie in diesem Fall ausprobieren können:** Stellen Sie demjenigen Fragen, auf die Sie die Antwort kennen und bei denen er keinen Grund hat zu lügen: „Du malst also auch gern?“, „Dein Name ist Paula?“, „Du kommst auch von hier?“. Diese und ähnliche Fragen wird er wahrheitsgemäß beantworten. Warum sollte er auch lügen? Zweck dieser Übung ist es zu analysieren wie Ihr Gegenüber bei normalen und einfachen Fragen reagiert und wie er diese beantwortet. Sein Verhalten speichern Sie ab und vergleichen es dann in der Situation, in welcher Sie Ihr Gegenüber auf Lügen scannen wollen.

Raffinierte Fragetechniken, um Lügner zu entlarven: Noch ein Kniff, um einen Lügner aus der Reserve zu locken, ist das Stellen einer manipulativen Frage. Mit dieser können Sie den Lügner anlocken. Haben Sie also die Vermutung, dass Sie gerade belogen werden, eignen sich theoretische Fragen, die die Chance geben, dass sich der Lügner selbst verrät. Meist handelt es sich um prekäre Situationen, die einer Auflösung bedürfen. Wie etwa in diesem **Beispiel**: In einem Unternehmen wurden 200 € aus der Kasse gestohlen. Die Abrechnung wurde mehrfach kontrolliert und für den Diebstahl kommen nur zwei Mitarbeiter infrage. Jedes Indiz deutet auf Mitarbeiter Thomas hin. Als Vorgesetzter könnten Sie diese Frage formulieren: „Könnten Sie sich vorstellen, warum wir gerade Sie des Diebstahls verdächtigen?". Derjenige, der verdächtigt wird, hat ganz sicher eine Antwort parat. Diese wird er jedoch nicht kundtun. Möglicherweise wird er unsicher, verhaspelt sich beim Sprechen oder schaut verlegen zu Boden. Vielleicht verrät er sich dadurch selbst und erklärt möglicherweise auch noch den Grund, warum er Geld aus der Kasse genommen hat ... Mit solchen Fragen können Sie Lügner entlarven.

Beispiel: „Wo könnten die 200 € jetzt sein?"

Die andere verdächtige aber unschuldige Person wird schnell und wahrheitshalber erklären, dass sie nicht wisse, wo die 200 € sind. Der Lügner hingegen muss überlegen und eine gewisse Zeitspanne überbrücken, damit er eine mögliche Gegenfrage stellen kann. Die könnte etwa so aussehen: „Warum fragen Sie das ausgerechnet mich?".

Eine vermeintlich spontane, kurzfristige Lüge benötigt vor allem eins: Zeit. Kaum ein Lügner hat umgehend eine Antwort parat. Eine Lüge zu spinnen benötigt Fantasie und eine gewisse schöpferische Konstruktion.

Symptome eines Lügners

Es handelt sich bei den aufgezeigten Verhaltensweisen und Auffälligkeiten um Indizien. Sie können darauf achten, um einen potenziellen Lügner zu enttarnen. Diese geben Ihnen bereits einen ersten Anhaltspunkt. Wenn die Verhaltensweise einer Person von seiner alltäglichen Routine abweicht, spricht es am ehesten dafür, dass Sie gerade angelogen werden. Spielt ein Mensch sonst auch mit seinen Fingern, da es sich um eine Macke oder Marotte handelt, ist dies kein Indiz für eine Lüge. Denn der verdächtigte Lügner verhält sich stets auf diese Art.

LÜGENSYMPTOME:

- übermäßige Schweißproduktion
- Gestikulieren mit den Händen
- der Lügner fasst sich auffällig an die Nase oder generell ins Gesicht
- auffälliges Starren oder gar kein Blickkontakt
- unruhige Kopfbewegungen, nervöses Zucken, auffälliges Blinzeln
- Sprechtempo: stark erhöht oder verlangsamt
- er antwortet zu schnell oder nachdenklich verzögert
- Schamesröte im Gesicht (auffälliges Zeichen, das unbewusst auftritt)
- er verstrickt sich in Widersprüche, wenn nochmals hinterfragt wird
- er zeigt eine höchst emotionale Reaktion auf die gestellte Frage: Wut, Traurigkeit, gesteigerte Euphorie
- er zeigt eine übertrieben ehrliche Körperhaltung, sucht gegebenenfalls Berührungspunkte (z. B. an Ihrer Schulter)
- er versucht, stark sympathisch und vertrauenserweckend zu wirken
- Staunen wird z. B. mit großen Augen (übertrieben) untermalt
- langes Nachdenken, bevor er antwortet
- der Blick nach rechts oben (vom Lügner aus) gibt Anzeichen für eine Lüge
- nervös von einem Bein aufs andere treten (kann nicht stillstehen)

ÜBUNG 1!

Dokumentieren Sie hier ein paar Anzeichen, die für eine Lüge sprechen! Beobachten Sie die ausgewählte Person, die Ihnen einfällt, genau. Analyse und eine gute Beobachtungsgabe helfen Ihnen, Lügner zukünftig besser enttarnen zu können. Die nötige Praxis erfahren Sie auf diese Weise ebenfalls. Beobachten Sie mehrere Personen oder gar eine Gruppe. Wen können Sie als Lügner enttarnen, weil er die meisten Anzeichen aufweist?

Folgende Symptome, welche ich an Person A (______________) bemerkte, könnten auf eine Lüge hinweisen:____

____

____

Folgende Symptome, welche ich an Person B (______________) bemerkte, könnten auf eine Lüge hinweisen:____

____

____

Folgende Symptome, welche ich an Person C (______________) bemerkte, könnten auf eine Lüge hinweisen:____

____

____

ÜBUNG 2!

Lügen kann man üben! Es ist nicht unbedingt eine gute Sache jemanden anzulügen. In Notsituationen lässt es sich manchmal jedoch nicht vermeiden, die Unwahrheit zu sagen. Fragen Sie einen guten Freund, den Nachbarn, den Partner oder jemand den Sie mögen, ob er mit Ihnen übt. Eine Person, die Sie vielleicht noch nicht ganz so lange kennen, eignet sich am besten. Diesen Menschen können Sie nicht allzu schnell durchschauen!

Witzige Übung für ab 2 Personen: Haben Sie Ihren „Lügenpartner" gefunden? Hervorragend! Denken Sie sich eine Frage aus, die Sie ihm stellen möchten. Schreiben Sie sie auf und überreichen ihm dieses Papier. Der Empfänger des Papiers hat kurz Zeit, sich eine Antwort auszudenken, die entweder wahrheitsgemäß oder gelogen ist und diese aufzuschreiben. Außerdem muss der Empfänger auf einem Extrazettel notieren, ob es sich um die Wahrheit oder eine Lüge handelt. Das sehen Sie aber nicht und diesen Zettel bekommen Sie natürlich nicht in die Hände. Sie können sich während dieser Zeit genau die Körpersprache Ihres Gegenübers ansehen. Was lesen Sie in seinem Gesicht? Was verrät sein Körper über die notierte Antwort? Der Schreibende entscheidet sich für eine Lüge oder ob er Ihnen die Wahrheit mitteilt. Er wird kaum auf Ihre Beobachtung achten, da er mit seiner Antwort beschäftigt ist. Nach rund einer Minute Bedenkzeit lesen Sie die Antwort laut vor. Ihr Gegenüber muss nun antworten. Direkt im Anschluss an seine Antwort teilen Sie ihm mit, ob Sie glauben, dass es eine Lüge ist oder die Wahrheit. Werden Sie wohl richtig liegen?

In der Zeit, in der die Person mit ihrer Antwort beschäftigt ist, haben Sie einen Moment, um die Person zu analysieren und einschätzen zu können, ob sie lügt oder nicht. Bei einer Gruppe oder mehreren Personen können Sie die Rolle des Fragestellers und des Antwortenden tauschen und beliebig variieren. Sie können auch selbst ausprobieren zu lügen und können so von den anderen entweder richtig oder falsch eingeschätzt werden!

Viel Erfolg und Freude beim Ausprobieren!

Kommunikationsstile für ein effektiveres Manipulieren

Es gibt laut Schulz von Thun acht Kommunikationsstile (wobei es auch häufig zu Kombinationen zwischen den Stilen kommt). Sie beschreiben wie derjenige mit anderen Menschen kommuniziert, aber helfen Ihnen vor allem sich auf Ihr Gegenüber vorzubereiten und sich anzupassen. Dies ist für die Manipulation unabdingbar. Denn nicht jeder Mensch ist auf die gleiche Weise zu manipulieren.

1. Es gibt den bedürftig-abhängigen Stil. Er drückt die Hilfsbedürftigkeit der Person aus. Auf der anderen Seite sendet die Person mit diesem Stil die Botschaft aus, sein Gegenüber sei stark und kompetent.

Darauf sollten Sie achten:
-bedürftig-abhängiger Stil kann schnell beherrschend werden
-man erscheint schnell kaltherzig, wenn man diesem Stil etwas ablehnt
-motivieren sie den bedürftig-abhängigen Stil

2. Dann gibt es den helfenden Stil. Diese Menschen sind gute Zuhörer und sehr hilfsbereit. Sie fühlen sich stark, ihre Botschaft ist allerdings manchmal ein Hindernis für das Gegenüber, da sie ausstrahlen, dass die andere Person Hilfe bräuchte. Manche Menschen wenden den helfenden Stil in ihrer Kommunikation an, um sich so nicht ihren eigenen Sorgen und Fehlern zuwenden zu müssen.

Im Umgang sollten Sie beachten:
-eigene Stärke ausstrahlen
-für erhaltene Hilfe bedanken (den Dank nicht aus Angst, von der Person in Besitz genommen zu werden, untergehen lassen)

3. Der selbstlose Kommunikationsstil übermittelt die Botschaft, sein Gegenüber sei wichtiger als er selbst. Die eigene Kundgabe lautet folglich, man selbst sei unwichtig.

Wichtig für den Umgang:
-Stil fühlt sich nur dann wichtig, wenn er sich für jemanden anderen einsetzen kann
-viel Lob und Anerkennung geben
-Sachebene einhalten
-Begründungen parat haben
-größere Konflikte vermeiden

4. Der aggressiv-entwertende Stil steht für seine Stärke und Unverletzlichkeit. Die Botschaft ist: „Du bist schuld, dumm etc.“ und der Appell lautet: „Der andere soll sich bekennen und aufgeben“.

Wichtig für den Umgang:
-nicht darauf einlassen
-Sachebene
-viele Argumente vorbringen
-aggressiv-entwertenden Stil in Rechtfertigungssituation bringen

5. Der sich beweisende Stil hat es zum Ziel, stets einen guten Eindruck zu machen. Die Kundgabe ist meist narzisstisch und auf der Beziehungsebene wird das Gegenüber als richtend wahrgenommen. „Erkennt mich an" ist der klare Appell dieses Stils.

Richtiger Umgang:
-Konkurrenz vermeiden (der sich beweisende Stil hat Angst vor Ablehnung seines „wahren Ich's")
-„wahre Persönlichkeit" des Stils schätzen und gutheißen und weniger seine Leistungen

6. Der bestimmend-kontrollierende Stil hat ein manipulierendes Wesen, da er versucht seine Umwelt nach seinen Vorstellungen zu formen und alles unter Kontrolle behalten möchte. Seine Kundgabe lautet: „Ich weiß, was richtig ist" und im Gegenzug ist seine Botschaft: „Du hast keine Ahnung, du machst alles falsch und besser, ich mache es selbst". Appelle werden bei diesem Stil zu Regeln und Normen und basieren auf (seiner Ansicht nach) Vernunft und Ordnung.

Wichtig im Umgang:
-hat Angst vor Unordnung, Spontanität und Überraschungen
-zeigen Sie sich ihm gegenüber offen
-gemeinsame Regeln aufstellen

-nicht selbst auf Regeln berufen, sondern die eigene Subjektivität zum Ausdruck bringen

7. Der sich distanzierende Stil bewahrt seine Distanzzonen sowohl im Gespräch als auch im körperlichen Verhalten. Er möchte nicht, dass ihm jemand zu nahekommt und ist verschlossen.

Wichtig im Umgang mit diesem Stil:
-fühlt sich hinter Barrieren wohl (z. B. Schreibtisch oder Theke)
-nicht berühren

-für ihn zählen Fakten
-Meinungen des sich distanzierenden Stils für wichtig erklären, allerdings nicht auffällig danach fragen
-nicht versuchen, Informationen aus ihm auszuquetschen
-Zeit geben (Rapport langsam angehen lassen)
-nicht aufdrängen

8. Der mitteilungsfreudig-dramatisierende Kommunikationsstil beschreibt Personen, die die Welt als ihre Bühne betrachten. Sie „holen" in ihren Geschichten „weit aus" und schmücken sie gerne mit Details aus. Ihre Selbstkundgabe lautet: „Hört mir zu, so bin ich". Auf der Beziehungsbotschaft wird dem Gegenüber die Wichtigkeit seiner selbst gesendet, aber nach der Zeit merkt der Zuhörer, dass er nur als Publikum fungiert.

Wichtig im Umgang mit diesen Menschen:
-oft lässt das Interesse der Zuhörer nach einer gewissen Zeit nach, dann sollte durch Fragen die Kommunikation weitergebracht werden

-sollte die Kommunikation ausufern, kann durch direktes Eingreifen die Kommunikation „gebändigt“ werden
-offen sagen, dass man selbst auch einmal zu Wort kommen möchte

Die Kommunikationsstile helfen enorm bei der Betrachtung des Gegenübers oder Publikums und sollten stets im Hinterkopf behalten werden. Wenn eine Vorbereitung möglich ist und die Kommunikationsstile der anderen bekannt sind, kann man sich gut an den Stilen orientieren.

Nach Albert Mehrabian wird bei einer Botschaft der emotionale Eindruck zu 7 % über die Sprache, 38 % über das paraverbale System und zu 55 % über das nonverbale System übermittelt. Deshalb sind Erscheinung und Ausstrahlung eng mit der Botschaft verbunden. Stellen Sie sich nur mal vor, dass es nur 7 % ausmacht, WAS Sie sagen, und 93 % WIE Sie es sagen bzw. was Sie durch Körpersprache und Co. vermitteln. Das erklärt, warum so viele Leute „hereinfallen“ auf Lügner, die die Manipulation durch Körpersprache und Redekunst unglaublich gut beherrschen!

Manipulieren mit Ausstrahlung

Wie bekomme ich eine positive Ausstrahlung? In folgenden Beispielen gebe ich nicht nur Tipps für mehr Charisma, sondern erkläre auch, was genau eine positive und charismatische Ausstrahlung ausmacht.

Selbstvertrauen: Wer unsicher ist, strahlt auch dieses Gefühl aus. Ein Mensch, der allerdings in sich selbst ruht, gibt diese Ruhe weiter.

Selbstwertschätzung: Wer sich selbst wertschätzt, strahlt auch anderen gegenüber Wertschätzung aus. Das muss keine narzisstische Handlung sein, sondern es sollte ein natürlicher Grad gefunden werden.

Frei von Stress und Problemen: Alles was Ihnen Sorgen bereitet, sollten Sie nicht auf Ihre Ausstrahlung übertragen lassen (eigene Sorgen können auch umgedeutet oder in einen neuen Rahmen mittels Reframings gebracht werden).

Lebensfreude & positive, offene Einstellung: Ob Sie charismatisch wirken, hängt auch davon ab, wie Sie bezüglich sich selbst und anderen Personen eingestellt sind. Sie sollten offen sein und tolerant mit anderen. Außerdem sollten Sie sich selbst mit Ihren Fehlern akzeptieren und lieben. Denken Sie an schöne Erinnerungen oder freudige Ereignisse in der Zukunft.

Bitte lächeln! Natürlich gehört zu einer positiven Ausstrahlung auch das miteinander Lachen, ein Grund mehr, weshalb Freundlichkeit und entsprechende Umgangsformen dazugehören. Einer Frau die Tür aufzuhalten, die Jacke abzunehmen und den Stuhl heranzustellen kann niemals schaden. Positives Verhalten bringt auch immer positive Reaktionen mit sich. Freundlichkeit ist also das A und O.

Haltung einnehmen: Natürlich beeinflusst auch die Haltung das eigene Verhalten und das anderer. So fällt jemand mit gebeugter Haltung und der Mütze bis tief ins Gesicht gezogen wesentlich weniger auf, als jemand, der aufrechten Schrittes geht und eine lockere jedoch präsente Haltung bewahrt. Auch bei beispielsweise einem Schulreferat hat das Publikum direkt einen anderen „Draht" zu der Person, wenn sie zur Klasse hinspricht anstatt von der Klasse weg und sich nicht hinter dem Notizblock versteckt. Jetzt denken Sie sich: „Einfacher gesagt als getan?" Ich sage: „Einfach tun." Denn das eigene Denken kann auch durch Körpersprache beeinflusst werden. Vor einem Sprung mit einem Bungee-Seil sollten Sie beispielsweise nicht die Arme verschränken oder sich kleinmachen vor Angst. Sondern eine richtige Siegerpose einnehmen. Strecken Sie Ihre Arme nach oben aus und Ihre Brust heraus. Das Gehirn erkennt die starke Haltung und ändert sein Denken. So kann man seine Ängste besiegen. Haltung gehört natürlich zur Körpersprache und diese wiederum macht viel der positiven Ausstrahlung aus.

Visualisieren: Ich versuche, mir immer vorher auszumalen, wie ich mit der Person in Kontakt treten oder verbleiben möchte und stelle mir einen schönen Gesprächsverlauf vor, anstatt dauernd über mögliche Risiken zu grübeln, denn diese Sorgen spiegeln sich sofort nach außen wider. Sie sollten auch Ihre gewünschte Situation visualisieren, bevor Sie loslegen mit der Manipulation. Stellen Sie sich bildlich vor, wie es klappt, was genau Sie dabei tun und wie positiv Ihr Gegenüber auf Sie reagiert. So können Sie verhindern, dass Sie unsicher werden und eine stetig positive Ausstrahlung wahren. Kleine Kinder und Heranwachsende kennen meist die Risiken nicht und stürzen sich z. B. ohne Angst von einer Skater Halfpipe. Wenn man dies erst im Alter versucht, kostet es die meisten einiges an Überwindung, da sie über die Risiken schon (zu) genau Bescheid wissen.

Zuvorkommend sein: Für Charisma sorgt vor allem häufiges, zuvorkommendes Handeln. Dieses zuvorkommende Handeln impliziert beim Gegenüber, dass Sie ihn respektieren und achten (nicht übertreiben, sonst könnte er denken, Sie trauen ihm nichts zu oder schleimen sich ein).

Die richtige Kleidung: Wenn möglich passen Sie Ihren Kleidungsstil auf den Ihres Gegenübers an. So wird er Sie direkt sympathischer finden und ein gutes Gefühl haben. Das gilt fürs Bewerbungsgespräch aber auch für die Poolparty. „Over-" oder „underdressed" fällt sofort auf und das meist negativ. Man kann sich dann nicht so gut mit den anderen Personen verbinden. Als Verkäufer oder Autoritätsperson ist es immer wichtig, sich seinem Produkt anzupassen. Der Arzt wird sofort als derjenige wahrgenommen, wenn er seinen Kittel trägt, und es könnte ein verzerrtes Bild entstehen, wenn er z. B. in T-Shirt und Badeshorts Ihren Blinddarm entfernen möchte. Ein Anpassen an das Gegenüber und an die Situation kann also auch durch Kleidung funktionieren.

Die passende Atmosphäre schaffen: Die richtige Atmosphäre zu schaffen, durch Anpassung, beeinflusst die Menschen. **Beispiel:** Ihr Freund hört gerne Ed Sheeran – dann spielen Sie Ed Sheeran. Ein weiteres Beispiel wäre, dass im griechischen Restaurant auch griechische Musik läuft.

Wichtig bei der Manipulation: Der 1. Eindruck

Wenn Sie vorhaben, fremde Personen zu manipulieren, sollten Sie unbedingt einen positiven ersten Eindruck machen, denn sonst wird Ihr Vorhaben der Beeinflussung nahezu unmöglich.

Bei einem ersten Zusammentreffen spielen neben nonverbalen, paraverbalen und verbalen Signalen zudem eine Rolle ...

- die Ausstrahlung (Wie wirkt die Person auf mich?)
- Authentizität (Spielt sie ihr Lächeln nur vor? Oder gibt sie sich so, wie sie ist?)
- kongruentes Verhalten (Passen Sprechinhalt und para- und nonverbales Verhalten zueinander?)
- Vorurteile (der Person gegenüber, z. B. „Er sieht aus wie mein Opa und hat deshalb den gleichen Charakter.")
- Stimmung (Wie ist die Person gelaunt? z. B. Wurde sie gerade gekündigt oder kommt sie von einem schönen Abendessen nach Hause.)
- Erwartungen (z. B. ein erwarteter Handschlag oder sogar eine Umarmung)
- und Vorlieben (z. B. eine bevorzugt große Statur).

Wenn Sie es schaffen, Ihr Gegenüber glücklich zu machen, kann Ihre Ausstrahlung nur gut sein. Menschen mit guter Ausstrahlung geben anderen Leuten das Gefühl, dass sie wichtig sind und sie geachtet werden. Dies bringt man am besten „rüber“, indem man auf den Kommunikationsstil achtet und die damit verbunden „Kommunikationsregeln“ einhält. Dabei muss nicht mal etwas gesagt worden sein, Kommunikation geschieht bereits vor dem ersten Wort. Sie wissen nun, was Ihren ersten Eindruck aber auch Ihre generelle Ausstrahlung ausmacht, und können dies für sich nutzen.
Der erste Eindruck verankert sich meist fest beim Gegenüber, deshalb sollte er direkt positiv ausfallen. Das heißt, dass Sie sich beispielsweise vor einem Bewerbungsgespräch bereit machen sollten, Haltung einzunehmen und nicht erst beim Eintreten in das Büro des Chefs. Für das eigene „gute“ Gefühl versetzen Sie sich am besten schon nach dem Aufstehen in eine positive Stimmung und präsente Haltung, sodass kein großes Umstellen mehr nötig ist.

Was bei einem ersten Eindruck äußerst wichtig ist, ist der **Handschlag**. Das wissen scheinbar immer noch nicht alle, aber ein Handschlag sendet ein sofortiges Signal. Kräftig und trocken sollte er sein und mit gerader, gestreckter Handfläche passieren. Sonst wird man sofort ausgemustert und als unsympathisch, nicht vertrauenswürdig oder schwach wahrgenommen.
Auch auf den eigenen Geruch sollte geachtet werden. Ein nicht zu aufdringliches Parfüm kann bewusste und unbewusste positive Signale aussenden. Die Kleidung ist gerade beim ersten Eindruck enorm wichtig. Sie sollte immer zur Situation passen. Das heißt z. B. Anzug beim Bewerbungsgespräch und Abendkleid auf der eleganten Tanzveranstaltung. Sollten diese Punkte nicht eingehalten werden, ist der erste Eindruck, den man macht, meist sofort ein negativer.

Wie Sie mit Smalltalk Menschen beeinflussen

Was ist eigentlich Small Talk? Der Name beschreibt ihn eigentlich schon sehr gut. Nämlich eine „kleine“, kurze Mini-Unterhaltung, die oft zwischen Personen besteht, die sich noch gar nicht, nur flüchtig kennen oder einfach nur wenige Informationen austauschen.
Meist sind diese Gespräche nicht sehr anspruchsvoll und es kann leicht darauf eingegangen werden. Small Talk kann in jeder Situation auftreten. In der Stadt beim Bekannte-Treffen, an der Kasse im Supermarkt, als Einstieg zum Bewerbungsgespräch oder bei einer raschen Begegnung im Aufzug. Je belangloser das Thema ist, desto einfacher ist ein Gesprächseinstieg für Sie, aber auch für Ihr Gegenüber.

Beispielsätze für Small Talk:

- **Haben Sie gut zu uns gefunden?**
- **Sind Sie auch vom Regen überrascht worden?**
- **Dürfte ich dein Feuerzeug benutzen?**
- **Auch hier?**
- **Auf welche Etage müssen Sie?**
- **Ist der Bus schon weg?**

Wie setzt man Small Talk nun gekonnt ein?
Dies gelingt indem die Umwelteinflüsse (damit meine ich nicht nur das Wetter) und der Gesprächspartner genau studiert werden und so passend zur Situation Fragen oder Themenanregungen aufgebracht werden können. Rapport bietet auch hier eine starke Unterstützung.

Wie kann Small Talk zur Manipulation genutzt werden?

Small Talk bietet immer einen guten Einstieg um entweder sein Gegenüber kennenzulernen oder überhaupt ins Gespräch zu kommen. Small Talk kann auch Lob enthalten, z. B. „Mir gefällt deine Tasche sehr gut". Durch die einfache Gesprächsgestaltung können Sie ein Thema wählen, das an Ihr eigentliches Anliegen anknüpft.

Beispiel 1: Sie stehen zufällig neben einer hübschen Dame vor einem romantischen Restaurant. Sollte sie sich auch nach dem Restaurant umsehen, könnten Sie knapp erwähnen, wie schön es dort ist. Sollte sich daraus ein Gespräch ergeben, könnten Sie die Dame in dieses Restaurant sogar einladen. Falls Sie vorher noch durch einen guten ersten Eindruck und eine positive Ausstrahlung auffallen, verfällt sie Ihnen bestimmt sofort.

Beispiel 2: Sie möchten im neuen Imbiss um die Ecke eine Currywurst kaufen. Ist es ein ruhiger Moment, dann fragen Sie den Besitzer doch, ob das Geschäft gut angelaufen ist, oder sagen Sie ihm, dass Sie sich freuen, endlich wieder Currywurst essen zu können. Hat der Name des Geschäftes etwas mit dem Namen des Inhabers zu tun, z. B. „Saschas Imbiss", dann fragen Sie nach, ob Sie Sascha vor sich haben. So wird er Sie auf keinen Fall vergessen und vielleicht bekommen Sie die Möglichkeit, sich selbst mit Namen vorzustellen. Auf diese Art entsteht sofort Rapport. Je größer das Ereignis ist, z. B. eine Ladeneröffnung, umso eher erinnert man sich an den Moment zurück. Denn der Mensch ist sehr vergesslich. Dies könnte Ihnen in Zukunft gute Angebote einbringen und vielleicht finden Sie dadurch einen neuen Freund. Für die Sympathiegewinnung des Gegenübers oder das Vorbereiten auf den weiteren Gesprächsverlauf, um z. B. das Bewerbungsgespräch oder eine Prüfung zu bestehen, bietet der Small Talk eine sehr gute Möglichkeit durch Manipulation zu punkten. Small Talk ist deshalb gerade für Verkäufer ein wichtiges Instrument. Sie können sich an ihren Gesprächspartner anpassen und so das Verkaufsgespräch gezielt in die richtigen Bahnen lenken.

Beispiel 3: Der Autoverkäufer merkt, dass Sie an einem Auto immer wieder vorbeigehen oder Sie nach bestimmten Merkmalen bei den Autos Ausschau halten. Dann hat er ein leichtes Spiel, Sie um den Finger zu wickeln. Er könnte so etwas sagen wie: „Gefällt Ihnen das Auto? Heute ist bei uns 10 % Rabatt auf alles“, oder „Ich sehe, Sie suchen nach 5-Türern“. Dadurch werden Sie sich gleich professionell beraten fühlen und der Verkäufer ist einen Schritt weiter, Ihnen ein Auto zu verkaufen.
Wenn es in der Situation angebracht ist, z. B. beim Bäcker, sind persönliche Ansprachen eine gute Methode. Dies kann in Verkaufssituationen geschehen, aber auch, um die Schwiegereltern von sich zu überzeugen.
Denn durch eine persönliche Ansprache entsteht eine persönlichere Atmosphäre und man erinnert sich so schneller an die Situation oder den Menschen zurück. Außerdem hört jeder seinen eigenen Namen gern! Indem Sie durch das Rufen beim Namen positive Emotionen auslösen beim Gegenüber, wird es Ihnen leichter fallen, ihn hinterher zu beeinflussen. Unterbewusst werden vom Gegenüber mehr Eindrücke behalten und der Rapport klappt schneller.

Ist Manipulation eigentlich etwas Hinterlistiges?

Nein, das ist sie nicht, denn abgesehen davon, dass ja jeder Mensch ständig manipuliert, erfolgt dies meist nicht absichtlich und/oder nicht von hinterhältiger Intention geprägt. Manipulation ist gerade im familiären Alltag eine häufig benutzte Technik, denn durch sie kann geschont, geschützt und erzogen werden. Es gibt also auch gute Manipulation. Und zwar immer dann, wenn der Gegenüber davon profitiert. Sollten Sie und Ihr Gegenüber beide etwas Positives durch die Manipulation erreichen, ist es natürlich noch besser. Eine positive Manipulation wäre z. B. das Überreden der Eltern, die Tochter solle doch studieren (natürlich nur wenn die Tochter das auch möchte, aber Angst hat, sie könne es nicht schaffen). Auch der Lehrer, der einmal nicht die Note 1+ gibt, sondern eine 1-, um die Motivation wieder anzutreiben, manipuliert auf seine Art positiv.

Es gibt viele Arten auf positive, nette Art zu manipulieren. Deshalb ist Manipulation nicht nur etwas für Menschen mit bösen Absichten. Jedoch ist Manipulation genauso das Instrument für Schurken und hinterlistige Menschen, sie manipulieren nur zum eigenen Vorteil oder sogar speziell zu Ihrem Nachteil.

Sollte Ihnen bei einer Person auffallen, dass sie versucht, Sie oder jemand anderen mit bösen Absichten zu manipulieren, müssen Sie sich fragen, ob diese Person vielleicht auch schon einmal versucht hat, Sie zu manipulieren oder Sie bereits beeinflusst hat. Doch die Manipulationen im Alltag sind meist unbedeutend wie z. B. das Playback von Miley Cyrus, bei dem sie ihrem Publikum weiß machen wollte, sie habe echt gesungen.

Die Manipulation kann schlimme Ausmaße annehmen, wenn Menschenleben in Gefahr geraten. Im schlimmsten Fall beim Vergiften des Brunnens oder dem Manipulieren der Handbremse eines Rennfahrers. Deshalb müssen Sie sich immer genau überlegen, was Sie mit Ihrer Manipulation erreichen möchten oder was aus der Manipulation, die Sie vornehmen, entstehen könnte.

Durch positive Ausstrahlung wurde allerdings noch niemand getötet.

BONUS I: Berühmte Personen & ihre Erfolgsgeheimnisse

In diesem Kapitel zeige ich Ihnen, wie es andere bekannte und berühmte Personen geschafft haben, sich selbst zu verwirklichen, ihre Ziele zu erreichen und persönlich wie beruflich richtig erfolgreich zu werden. Sie können diese Erkenntnisse für sich nutzen, um persönlich zu wachsen und auch im Umgang mit anderen. Diese berühmten Menschen haben alle etwas Besonderes erschaffen – jeder auf seine Art... Sie sind keine Superhelden und wurden auch nicht als superreich geboren. Sie wurden nicht privilegiert, sondern haben sich alles erkämpft. Jede der drei Personen, die ich Ihnen gleich vorstellen werde, verfolgte dabei stets ihr eigenes Motto.

Dieses Motto leben bzw. lebten diese Vorbilder wirklich, und zwar mit Leib und Seele, mit ganzer Kraft. Wenn Worte leer bleiben und nur nachgesagt werden, ohne wirklich an sie zu glauben, haben sie keine Kraft. Verinnerlicht man allerdings sein Lebensmotto, wird sich alles verändern. Finden Sie auch Ihr persönliches Lebensmotto heraus und nehmen Sie sich Stars zum Vorbild. Lassen Sie sich inspirieren von deren besonderen Überzeugungen und zu neuen Höchstleistungen motivieren. Von sich überzeugte und selbstbewusste Leute haben eine hoch charismatische Wirkung auf andere und erreichen viel leichter ihre Ziele!

Der Überflieger-Österreicher

Nehmen wir uns einen Mann vor, der alles erreicht hat, wovon man träumen kann. Der vom **Mister Universum**, zum weltweit erfolgreichsten Bodybuilder, zu einem heiß begehrten **Schauspieler** Hollywoods und schließlich sogar zum **Gouverneur** Kaliforniens wurde.

Na, wissen Sie, von wem ich rede? Richtig! Arnold Schwarzenegger.

„Vergiss deine Träume mal ganz schnell! Sie sind absolut unrealistisch und du schaffst das nie", das sind Sätze, die man sich leider oft anhören muss, wenn man seine Ziele und Visionen mit anderen teilt. Arnie ließ sich, wie man im Laufe seiner Karriere – die steil nach oben ging - beobachten konnte, nicht aufhalten. Auch wenn es schon eine Zeit her ist, seine Filme sind und bleiben Klassiker. Wie ich finde, ist er eine einzigartige Persönlichkeit, von der man sich viel fürs Leben abschauen kann. (Auch wenn man kein Bodybuilder ist). Hören Sie nie auf andere, glauben an sich und kämpfen immer weiter! Nur wer im Unmöglichen das Mögliche sieht, erreicht tatsächlich die Sterne. Was denken Sie? Glauben Sie, Arnold hätte es sich als junger Mann erträumen lassen, dass er einst Gouverneur würde? Glauben Sie, man hätte es sich damals vorstellen können, dass er trotz seines extremen Akzents ein gefragter, internationaler Schauspieler werden könne? Nun ja, egal ob man dies als erreichbare Ziele oder unerreichbare eingestuft haben mag. Fakt ist, dass der sympathische Österreicher das „Unmögliche" erreicht hat.
Was können Sie also von ihm lernen? Sie müssen weder Bodybuilder noch Gouverneur werden. Nehmen Sie sich lediglich ein bestimmtes Motto zu Herzen und leben Sie danach...

„Seien Sie immer Sie selbst, das ist das Beste, was Sie tun können!
Glauben Sie an sich, leben Sie Ihren Traum und schwimmen Sie, wenn nötig, gegen den Strom, sonst ist das Leben langweilig.“

Man sollte stets man selbst sein. Es ist das Schlimmste, immer mit dem Strom zu schwimmen, sich selbst zu verleugnen und sich der Masse anzupassen. Obwohl man eigentlich wer anders ist. Wer sagt Ihnen denn, Sie sind nicht richtig, so wie Sie sind? Lassen Sie sich bloß nicht unterkriegen.
Reißen auch Sie sich die schweren Ketten vom Leib, die Ihnen andere Personen und vor allem die Gesellschaft umlegen! Befreien Sie sich von Erwartungen und seien Sie ganz Sie selbst. Tun Sie das, wonach Ihnen ist, leben Sie, wie Sie es für richtig halten. Das benötigt eine gesunde Portion an Selbstbewusstsein und Selbstakzeptanz. Arnie ließ sich nach meiner Einschätzung seiner Person von keinem aufhalten, von nichts und niemandem unterkriegen! Und das ist, wie ich finde, auch genau der Grund, warum er so viel erreichte und zum Vorbild mehrerer Generationen wurde.

Stehen Sie zu sich? Wofür vielleicht noch nicht?

____

____

____

____

____

Glauben Sie an sich und vor allem, fangen Sie an, zu sich selbst zu stehen!

Der, der anders dachte

Die Person, der wir uns nun widmen, ist leider bereits verstorben. Er war ein **Pionier der Innovationen**, dachte anders, ganz anders als alle anderen. Obwohl ihn damals viele als **„verrückt"** bezeichneten, blieb er auf seinem Weg, und schritt damit fort anders und größer zu denken als es je einer zuvor tat in seinem Milieu. So hat er, wie öffentlich bekannt wurde, ein Unternehmen vor dem Bankrott gerettet und zugleich an die Spitze geführt.

Na, können Sie sich erinnern? Richtig, wir reden hier von Steve Jobs.

Damals rief er alle dazu auf, anders zu denken. Ein Teil belächelte ihn, der andere Teil nahm ihn zum Vorbild und wurde sein Fan. Ganz gleich, ob Sie seine Marke nun mögen oder nicht, ob Sie ein Technik-Fan sind oder nicht, lassen Sie eines direkt Ihr Herz treffen:

Denken auch Sie anders als die anderen und hörne Sie nicht auf die vielen Nein-Sager, die Kritiker. Seien Sie ruhig mal verrückt.

Obwohl eine Masse an Menschen ihn für verrückt hielt, hörte er nicht darauf. Daraus schließe ich persönlich, dass es ihm herzlich egal war, was andere von ihm hielten. Obwohl etliche sagten, darunter sogar erfolgreiche Unternehmer, er würde scheitern, ließ er sich nicht abbringen und gewann letztendlich. Das ist genau das, was ich Ihnen mitgeben möchte auf Ihren Weg. Hören Sie niemals auf die Nein-Sager, die Schlecht-Macher. Die wird es immer geben, und zwar in Hülle und Fülle! Distanzieren Sie sich, wenn möglich, von solchen Personen und schenken Sie Ihnen keine Beachtung. Denn sie wollen Sie nur kleinhalten, schlecht machen, weil sie sich selbst so fühlen.

Nehmen Sie all Ihren Mut zusammen und lassen Sie verrückte Ideen einfach mal zu.

Das „anders-Denken“ ist meiner Meinung nach ein Spitzen-Erfolgsgeheimnis, das Steve Jobs anderen mitgab. Denn verrückte Menschen schaffen besondere Erlebnisse. Das Lebensprinzip, immer nur das zu tun, wofür man brennt, bringt einen ebenfalls sehr weit. Widmen auch Sie sich also dem, was Sie lieben. Und wenn es nicht zu Ihrem Beruf gehört, dann tun Sie es zumindest in Ihrer Freizeit.

Übung:
Was lieben Sie, wofür brennen Sie und welche Dinge tun Sie am liebsten?

____

____

____

____

____

Sie werden automatisch ein erfolgreicherer und glücklicherer Mensch, wenn Sie das tun, was Sie unheimlich gerne tun.

Die, die sich selbst zu lieben lernte

Wir reden hier nicht von irgendeiner Dame, sondern von einem Superstar! Zu wenig Liebe von den Eltern, enormer Erfolgsdruck und ein Partner, der sie schlug – trotz ihres riesigen Erfolgs hat sie sich lange Zeit nicht selbst geliebt. So berichtet der Superstar in seiner Autobiografie (vgl. Turner u. a., 1990).
Kaum zu glauben oder? Auf der Bühne strotzte sie nur so vor Power und Selbstbewusstsein und in Wirklichkeit litt sie anscheinend an mangelnder Selbstliebe. Daran erkennen Sie

meiner Ansicht nach, dass sie es erst lernen musste, sich selbst zu lieben und sich von negativen Beziehungen zu lösen.

Die Rede ist von Tina Turner.

Ihre Karriere ging steil nach oben, doch hinter der Bühne sah alles ganz anders aus. Sie war gefangen in einer negativen Beziehung zu ihrem damaligen Ehemann. Sie war ein Opfer der Gewalt und kam trotz Ihrer Berühmtheit und Ihres Erfolgs nicht so einfach aus dieser Situation heraus. Tina Turner wählte einen Ehemann, bewusst oder unbewusst, der gewalttätig war (vgl. ebd.).
Warum entscheiden sich so viele Menschen für negative Beziehungen? Warum wählt man sich nicht einfach einen Partner, der zu einem passt und einen gut behandelt? Und es muss nicht immer um körperliche Gewalt gehen ... Ich spreche hiermit auch Beziehungen an, in denen es an Respekt fehlt, an Liebe, an den kleinen schönen Dingen im Umgang miteinander, die eine Beziehung eben wertvoll machen. **Meist ist eine der Ursachen dafür, mangelnde Selbstliebe.** Denn es heißt, man sucht sich immer einen Partner/eine Partnerin aus, der/die dem Muster entspricht. Wenn Sie sich selbst nicht lieben, werden Sie wahrscheinlich auch niemanden finden, der Sie wirklich liebt. Und wenn Sie an mangelnder Selbstliebe leiden, können Sie keinen anderen bedingungslos lieben. So einfach ist das. Deswegen sollte man damit beginnen, sich wirklich selbst zu lieben, bevor man sich von einer in die nächste Partnerschaft stürzt. Vergessen Sie nicht, dass Sie sich selbst ein Leben lang haben werden! Warum sich also nicht lieben? Das scheint doch viel angenehmer, als sich zu hassen oder ständig im Unreinen mit sich zu sein ... Schließlich können Sie nicht vor sich davonlaufen...
Das beschloss auch Tina Turner und lernte sich selbst zu lieben laut ihrer Biographie! Sie löste sich von ihrem damaligen Ehemann und begann ein neues, erfülltes Leben.

Übung:

Was lieben Sie an sich?

____

____

____

____

____

Was hält Sie davon ab, sich selbst zu lieben?

____

____

____

____

____

Führen Sie positive Beziehungen? Oder gibt es welche, die Sie unglücklich machen – wenn ja, was genau macht Sie traurig?

____

____

____

____

____

Beginnen Sie, sich selbst zu schätzen und zu lieben. Wenn Sie das tun, ziehen Sie genau die richtigen Personen an.

BONUS II: 20 psychologische Effekte

Der Spotlight-Effekt

Ich möchte Ihnen als erstes einen Effekt vorstellen, welcher Ihnen mit Sicherheit etwas Angst vor Peinlichkeiten und Fehlern nehmen wird ...

Was ist der Spotlight-Effekt? Menschen überschätzen grundsätzlich das Bewerten ihrer selbst durch andere, sowohl im positiven als auch im negativen Sinne. Das bedeutet, wenn einem ein Fehler passiert, nehmen das die Menschen um einen herum bei Weitem nicht so stark wahr, wie man es selbst tut oder wie man glaubt, dass es die anderen wahrnehmen. Der Spotlight-Effekt beschreibt also den Effekt, dass es Menschen vorkäme, sie stünden auf der Bühne und der Scheinwerfer wäre genau auf sie gerichtet.

Dem ist aber nicht so. Das Äußere, Erfolge und Fehler fallen anderen bei Weitem nicht so auf, wie man selbst denkt (vgl. Myers, 2014, S. 587).

Die Selbstwirksamkeitserwartung

Albert Bandura, ein Psychologe aus Amerika, erfand das Konzept der **Selbstwirksamkeitserwartung** (vgl. Bandura, 1977).

Diese Erwartung meint nichts anderes, als wenn eine Person aufgrund ihrer Fähigkeiten von sich selbst glaubt, sie könne den gestellten Anforderungen entsprechen. Je größer die Selbstwirksamkeitserwartung ist, umso ausdauernder bewältigt eine Person bestimmte Arbeiten. Außerdem haben diese, die stark von sich überzeugt sind, seltener Depressionen und weniger

Angstzustände. Sie sind im Berufsleben erfolgreicher (vgl. Schwarzer, 2004).
Da sehen wir es mal wieder! Menschen, die an sich glauben, haben weniger Stress, sind glücklicher und erfolgreicher!

Der Rückkopplungseffekt

Dieser Effekt bezieht sich auf die Mimik und besagt, dass nicht nur Gefühle über diese gezeigt werden können, sondern auch gesteuert werden können. Das bedeutet, wenn Sie absichtlich lächeln, steuern Sie damit Ihre Gefühle, Ihr Lächeln wird von Ihrem Körper wahrgenommen und sorgt für eine tatsächlich bessere Stimmung! So bleibt ein falsches Lächeln nicht lange falsch... Probieren Sie es doch mal aus!

Der Halo-Effekt

Der Halo-Effekt entspringt der Sozialpsychologie. Bei diesem ist unsere Wahrnehmung verzerrt, wir nehmen eine einzelne Eigenschaft einer Person verstärkt wahr, zum Beispiel ihre Attraktivität und lassen diese eine Eigenschaft dann absolut dominieren und die restlichen Eigenschaften dieser Person in den Hintergrund treten.

Der Self-Serving-Bias

Dieser Effekt dient dem Selbstwert. Wenn man Fehler macht, wird dies auf schlechte Bedingungen im Umfeld geschoben und wenn man etwas gut macht, schreibt man es sich selbst und seinen Fähigkeiten zu. Das geschieht aber unbewusst.

Das Social Loafing

Dieses Phänomen stammt aus der Sozialpsychologie. Dabei wird gefaulenzt, wenn man sich in einer bestimmten Gruppe befindet, das Team hat also eine hemmende Wirkung auf die eigene Arbeitsleistung oder auch auf die anderer. Dieser Effekt entsteht

vor allem in Gruppen, bei denen Teamgröße, -aufgabe und -konstellation schlecht gewählt sind und sich somit negativ auf die Motivation auswirken.
Denn ansonsten ist Gruppenarbeit förderlich für die Motivation und die Produktivität.

Der Authority Bias

Dieser unglaubliche Effekt ist sehr häufig, vielleicht erkennen Sie sich selbst? Autoritätspersonen werden so hochgeschätzt, dass deren Meinung von uns schnell angeeignet wird. Dennoch sollten wir nicht alles übernehmen, was Ärzte, Anlageberater, Politiker usw. für gutheißen. Hinterfragen Sie zukünftig Meinungen anderer, auch wenn es sich um Fachleute handelt. Holen Sie sich selbst noch Informationen hinzu.

Der Confirmation Bias

Hierbei handelt es sich um einen Fehler der Wahrnehmung, genauer gesagt, betrügen wir uns dabei selbst. Menschen neigen dazu, eigene Annahmen eher zu bestätigen, als zu widerrufen. So wird eher das wahrgenommen, was der eigenen Annahme entspricht, als das, was gegen sie spricht. Daraus entsteht ein Teufelskreis und eigene Annahmen werden so zu festen Meinungen. Es kann auch gefährlich sein, wenn die eigene Wahrnehmung derart verzerrt wird. Manche lassen sich selbst durch Beweise nicht mehr von ihren tief verankerten Annahmen abbringen.

Der Kontrast Effekt

Solche Effekte sind Verzerrungen, bei denen eine Information intensiver wahrgenommen wird als eine andere, da sie im Kontrast präsentiert wird. So wird ein leistungsschwacher Mitarbeiter vom Chef als einigermaßen leistungsstark wahrgenommen, wenn seine Kollegen noch weniger Leistung zeigen als er. Das funktioniert natürlich auch im positiven Sinn, also umgekehrt.

Der Liking Bias

Achtung an alle Verkäufer! Dieser unglaubliche Effekt besagt, dass wir umso eher gewillt sind, etwas zu kaufen, je sympathischer uns eine Person ist. Ähnlichkeiten mit uns und Attraktivität bewirken die Sympathie zur anderen Person.

Die hedonistische Tretmühle

Dieser Effekt besagt, dass Menschen, von einem schweren Schicksalsschlag oder einem Hoch, ziemlich schnell wieder zu einem relativ stabilen Glückslevel zurückkehren. Ob es nun ein sehr schlimmes Ereignis ist oder der Lottogewinn, der Mensch lebt schnell wieder auf einem Glückslevel im Normalbereich. Die Rede ist von der „Tretmühle", weil der Mensch immer nach mehr Glück strebt und doch stehen bleibt.

Der Besitztums-Effekt

Dieser Effekt bewirkt, dass das, was man besitzt, höher bewertet wird, eben weil man es besitzt. Denn es ist nachgewiesen worden, dass Menschen dazu neigen, und wenn sie es nicht besäßen, es nicht derart hochschätzen würden.

Der Priming-Effekt

Priming bedeutet so viel wie Vorbereitung oder Bahnung. Bei diesem Effekt wird die Wirkung von gleichen Reizen erhöht, wenn bestimmte Nervenbahnen wiederholt erregt werden. Auch besagt es, dass diese Nervenbahnen schon durch viel schwächere, kleinere Reize erregt werden.

Die Kontroll-Illusion

Wie der Name schon sagt, glauben bei diesem Effekt Menschen daran, dass sie bestimmte Vorgänge kontrollieren könnten, die aber überhaupt nicht zu kontrollieren sind. Ein Vorteil dieses Effekts ist, dass so die Motivation und Ausdauer der Menschen aufrecht erhalten bleibt und verstärkt werden kann.

Die Reziprozität

Es gibt eine Regel der Reziprozität, die lautet nämlich, dass Menschen gern bereit sind, eine Gegenleistung zu bringen, wenn sie zuvor selbst etwas bekommen haben. Der Mensch handelt so, weil er nicht in der Schuld des anderen stehen möchte, der ihm geholfen hat. Der Begriff Reziprozität steht für die Gegenseitigkeit bei Menschen im sozialen Austausch miteinander. Probieren Sie es aus, tun Sie jemandem einen Gefallen, völlig selbstlos und einfach so, und Sie werden bestimmt etwas zurückerhalten. Im Verkauf gibt es übrigens eine Masche, die an der Reziprozität anlehnt: „That is not all" lautet diese Taktik. Verkäufer geben Geschenke an die Kunden aus. Dadurch fühlt sich der Kunde, eher unbewusst, verpflichtet zu kaufen, da er ja ein Geschenk erhalten hat.

Der Spielerfehlschluss

Das ist ein Fehlschluss, den Menschen treffen, und zwar in Bezug auf Wahrscheinlichkeiten. Man geht davon aus, ein bestimmtes Ereignis, das einem Zufall unterliegt, sei wahrscheinlicher, wenn es länger nicht eingetroffen ist. So etwa der Sechser beim Würfeln und Mensch-Ärgere-Dich-Nicht-Spielen. Es ist mathematisch bewiesen, dass der Zufall, eine Sechs zu würfeln, auch direkt hintereinander eintreffen kann. Leider verspielen Menschen auch häufig ihr Geld aufgrund dieser Fehleinschätzung.

Der Dunning-Krüger-Effekt

Bei diesem Effekt schätzt man die eigene Kompetenz beziehungsweise Inkompetenz und die der anderen falsch ein. Schon Charles Darwin hat erkannt, dass Personen, die weniger wissen, ein größeres Selbstvertrauen haben als die, die mehr wissen. Diese These stammt von ihm und bestätigt sich immer wieder im Alltag. Menschen mit wenig Kompetenz neigen eher dazu, sich selbst zu überschätzen im Vergleich zu Personen mit höherer Kompetenz.

Der Action-Bias

Dieser Effekt besagt, dass Menschen lieber irgendetwas Unnützes tun als gar nichts. Vielleicht ist es Ihnen schon aufgefallen im Alltag oder bei sich selbst? Der Arzt zum Beispiel verschreibt lieber ein Medikament als nicht, selbst wenn die Wahrscheinlichkeit, dass der Patient heilt, nicht höher ist, wenn er Arzneimittel einnimmt. Auch bei Fußballspielern kennt man das, die lieber irgendwas tun, Hauptsache sie stehen nicht einfach so ohne Regung im Feld. Denn das würde seltsam aussehen und dem Zuschauer mehr ins Auge fallen, als wenn der Spieler sich beim Versagen wenigstens noch bewegt.

Der Placebo- und Nocebo-Effekt

Bestimmt sagt Ihnen der Name Placebo etwas aus der Medizin. Der Placebo-Effekt beschreibt nämlich das Phänomen, dass man Ergebnisse einem bestimmten Tun zuschreibt, weil man diese Ergebnisse nun mal erwartet. So wird der Kranke gesund, wenn er an seine Tabletten glaubt, selbst wenn diese keinerlei medizinischen Wirkstoffe enthalten. Und so könnte auch ein Gesunder erkranken, an einem harmlosen Glas Wasser, wenn er der festen Überzeugung ist, dass dieses Wasser ihn krank machen würde und dies auch erwartet (das nennt man Nocebo-Effekt). Mein Tipp lautet von daher für Sie, dass Sie sich bemühen sollten, stets etwas Positives zu erwarten. Denn diese Effekte treten sowohl bei positiven als auch bei negativen Erwartungen ein ...

Der Flourishing-Effekt

Flourishing bedeutet so viel, wie „aufzublühen“, was auch die tatsächliche Bedeutung in der Psychologie ist. Entsprechende Bedingungen, um aufzublühen, kann jeder sich selbst schaffen. Zum Beispiel ein angenehmes Umfeld, gute Freunde usw. Die Erfolgsformel dazu lautet 3 zu 1 – jeder negative Moment sollte durch drei, die positiv sind, gut gemacht werden.

Fazit

Was können Sie mit Ihren neuen Manipulationstechniken nun alles anstellen? Vor allem im Small Talk können Sie glänzen. Sie wissen, was Sie ausstrahlen müssen, Sie wissen über den ersten Eindruck Bescheid und über Möglichkeiten, Ihr Gegenüber auf eine Wellenlänge mit Ihnen zu bringen, um dadurch Ihre Ziele durchzusetzen. Je nach Situation können Sie weitere in diesem Buch vorgestellte Techniken hinzuziehen. So können Sie z. B. mit einem Small Talk starten, dabei Rapport aufbauen, den Kommunikationsstil des Gegenübers abschätzen und analysieren. Denken Sie daran, dass der Aspekt der Kommunikation für die gelungene Manipulation sehr wichtig ist. Ist Ihnen das gelungen, können Sie sich für eine Manipulationstechnik entscheiden, mit der Sie an Ihr klar definiertes Ziel kommen werden.

Des Weiteren werden Sie Lügner zukünftig entlarven können und sich bzw. andere so vor möglichen Gefahren schützen. Für den Anfang: Beobachten und analysieren Sie Menschen, dann üben Sie gezielt die Fragetechniken, um Lügner zu durchschauen. Auch Konfliktsituationen oder der erste Tag in der neuen Firma werden für Sie wahrscheinlich viel einfacher werden, da Sie wissen, wie Sie bewusst und charismatisch auftreten und keine Scheu vor Kommunikation zeigen. Dadurch werden Sie Situationen und sich selbst besser einschätzen können.

Die vorgestellten Techniken sind nur ein kleiner Ausschnitt der Manipulation. Jedoch können Sie das neu erworbene Wissen in allen Lebenslagen anwenden. So gut wie jeder Mensch freut sich über andere positive Menschen in seinem Leben, die Komplimente verteilen, zuvorkommend sind und die Gesprächsführung gekonnt übernehmen. Und auch Ihnen selbst kann eine positive Ausstrahlung nur guttun, denn sie baut Ihr Selbstvertrauen und ein gesundes Durchsetzungsvermögen auf.

Wer weiß, vielleicht wird Ihnen schon bald das andere Geschlecht total verfallen oder beim nächsten Bewerbungsgespräch sind Sie der Top-Kandidat?!

Mit den Methoden der Kommunikationsstile sind Sie außerdem bestens gerüstet, um Ihre Mitmenschen mal etwas genauer zu beobachten, Arten an ihnen zu entdecken, die Ihnen vorher verborgen geblieben sind und sich ganz neu auf sie einzulassen.

Die rhetorischen Mittel werden Sie vor allem bei Vorträgen, Präsentationen oder Verhandlungen weiterbringen aber auch in Alltagssituationen, in denen Sie von etwas Wichtigem erzählen möchten.

Wenn Sie Ihren Chef nach einer Gehaltserhöhung, einer höheren Position oder einem Firmenwagen fragen möchten, sind diese Techniken von Vorteil. Es ist auch möglich, dass Sie Ihrem Kind eindringlich erklären möchten, was passiert, wenn es sein Zimmer nicht aufräumt. In diesen Situationen ist die Kenntnis über die Kommunikationstechnik ein wahrer Segen. Vielleicht entdecken Sie schon bald, dass sich jemand nicht „kongruent", also widersprüchlich verhält, oder entschlüsseln eine Körpersprache, die Ihnen vorher unbekannt war. Denn Sie können jetzt nicht nur durch Charisma manipulieren, sondern erkennen auch, ob Sie manipuliert werden!

Manipulation erkennt man am besten durch aufmerksames Studieren seiner Mitmenschen. Sollten Sie sich nicht sicher sein, ob das Gesagte einer Person ehrlich gemeint ist, gebe ich Ihnen einen Geheimtipp: Hören Sie dann auf das paraverbale und nonverbale System und nicht auf das verbale. Damit meine ich, Sie sollten nicht dem gesprochenen Wort glauben, sondern der Körpersprache und der Art, wie jemand etwas sagt. Eine große Hilfe ist es, die eigenen Schwachstellen zu kennen und zu analysieren. Reagieren Sie aufgebracht auf Kritik? Oder verstecken Sie sich vor Lob? Achten Sie auch auf sich selbst und Ihre Reaktionen.

Danke

Ich freue mich, Ihnen mit den in diesem Buch erklärten Methoden eine neue Sichtweise auf die Kommunikation und Einsatzgebiete der Manipulation gegeben zu haben. Für Ihre Aufmerksamkeit und das Lesen meines Buches bedanke ich mich recht herzlich.

Ein herzlicher Dank geht ebenso an meine hochgeschätzten Autorenkollegen, den „Psychology Professionells", die sich an diesem Buch beteiligten. Es war mir eine große Freude, gemeinsam mit ihnen zu arbeiten.

Ganz viel Erfolg wünsche ich Ihnen dabei, Lügen aufzudecken sowie versuchte Manipulation erfolgreich von sich abzuwehren.

Wer mit einer positiven Ausstrahlung durchs Leben geht, wird auch etwas Positives zurückbekommen.

Ihr Gregor Kraft

Ich freue mich über Ihr Feedback

Für mich ist es sehr wichtig, Feedback zu meinem Buch zu bekommen. Wenn Sie Anregungen oder Verbesserungsvorschläge haben, so schreiben Sie mir doch bitte eine Mail an:
greatebooks.4u@gmail.com

bevor Sie eine schlechte Bewertung abgeben. Ich freue mich sehr über konstruktive Kritik. Da es mich viel Zeit und Energie gekostet hat, dieses Buch zu erstellen, wäre ich Ihnen sehr dankbar, wenn Sie mir anstelle einer schlechten Bewertung Ihre Verbesserungsvorschläge persönlich zukommen lassen. Denn dann hätte ich eine Chance, Ihre Kritik anzunehmen und mein Buch zu verbessern.

Über eine Rückmeldung in Form einer Rezension auf Amazon würde ich mich ebenfalls sehr freuen. Diese können Sie wie folgt erstellen: Besuchen Sie auf Amazon.de die Produktseite des Artikels, für den Sie eine Rezension erstellen möchten. Klicken Sie unter Kundenrezensionen auf „Kundenrezension verfassen". Bewerten Sie den Artikel und verfassen Ihre Rezension.
Alternativ können Sie diesen Link benutzen, der Sie direkt auf die Seite leitet, auf der bestellte Produkte zu bewerten sind. Der Link ist verschlüsselt und sicher:

https://all-about-amz.com/Bewertung

Über den Autor

Der Autor Gregor Kraft kennt die Fallen des Alltags und die Tricks, die Manipulateure anwenden. Er hat gelernt, Menschen zu durchschauen und psychologische Erkenntnisse erfolgreich für sich anzuwenden. Dabei möchte er nun auch Ihnen helfen und rät: „Nehmen Sie die Zügel in die Hand, bevor Sie sie an andere verlieren“!

Gregor Kraft beschäftigt sich schon seit seiner Ausbildung mit den Themen „Psychologie, Kommunikation und Manipulation“ und absolvierte diverse Weiterbildungen. Heute gibt er selbst Kurse in diesen Bereichen.

Außerdem hat er auch zur Unternehmensführung und im kaufmännischen Bereich mehrere Fachkurse belegt.

Sein Team liebt ihn für seine offene, fröhliche Art und bewundert sein besonderes Gespür für Menschen. Das Lebensmotto des Autors lautet „ganz man selbst" zu sein und positiv zu bleiben. Dennoch hinterfragt er die alltäglichen Dinge stets. „Es ist nicht immer wie es scheint" ist seine Devise, aufgrund dieser er beruflich wie privat sehr erfolgreich ist.

Durch seine Berufserfahrung als Seminarleiter konnte er sich neben seinem theoretischen Fachwissen auch hervorragende Praxiskenntnisse im Umgang mit Menschen aneignen.

Herr Kraft unternimmt in seiner Freizeit am liebsten etwas mit Familie und Freunden und geht gerne laufen. Außerdem begeistert er sich für das Reisen und hat bereits die halbe Welt erkundet.

Gregor Kraft liebt es, sein umfangreiches Wissen in seinen Büchern mit viel Herz und Humor weiterzugeben. Er hofft, die Fachkenntnisse allen Lesern, vor allem Anfängern, mit seinem lockeren und unterhaltsamen Schreibstil leichter zu vermitteln.

Weitere Bücher des Autors

Hier finden Sie weitere Bücher des engagierten Autors Gregor Kraft. Wenn Sie charismatischer, erfolgreicher und glücklicher werden wollen, dann lesen Sie unbedingt die anderen Exemplare des sympathischen Autors. Gregors Ratgeber werden Sie darin unterstützen, sich persönlich wie beruflich weiter zu entwickeln und geschickter zu werden im Umgang mit anderen Menschen.

Gregor Kraft auf Amazon.de

https://great-books4you.com/gregor-kraft

Hörbücher des Autors

Hier finden Sie Gregor Krafts Hörbuch zu seinem ersten Buch „Manipulation und Manipulationstechniken", das prompt den deutschen Amazonmarkt eroberte.

Lassen Sie sich verzaubern von der angenehmen Sprecherstimme mit tiefem, geheimnisvollem Klang. Egal ob Sie unterwegs sind, gerade Auto fahren oder es sich einfach nur zuhause auf dem Sofa bequem machen... Gregors Hörbuch kommt in jeder Situation wunderbar zum Einsatz!

Wenn Sie sich lieber erzählen lassen, statt selbst zu lesen, finden Sie sein Hörbuch hier:

https://great-books4you.com/Hörbuch-Manipulation

Über den Verlag GREAT BOOKS 4YOU

Wir möchten uns im Namen des gesamten Great Books 4YOU-Teams persönlich bei Ihnen bedanken für Ihr Interesse an einem unserer Bücher.

Unsere Autoren, engagierte und fachkundige Schriftsteller, verfolgen das Ziel, Ihnen interessante und nützliche Ratgeber zur Verfügung zu stellen. Die Autoren sind alle auf ein bestimmtes Gebiet spezialisiert, um ihr Fachwissen weiter zu geben, damit auch andere Menschen von ihrem Know-how profitieren! Bei unseren Büchern achten wir stets auf eine hohe Qualität sowie einen angenehmen Lesefluss.

Unser Ziel ist erreicht, wenn Ihnen unsere Bücher persönlich wie auch beruflich weiterhelfen und Sie Spaß beim Lesen haben!

Wenn Sie mehr über uns erfahren möchten oder keinesfalls unsere Gratis-Downloads in Form von Pdf- oder Audio-Dateien verpassen möchten, besuchen Sie uns doch einfach!

https://great-books4you.com

Wir halten Sie auf unserer Webseite auf dem Laufenden über die neuesten Storys der Autoren, Bestseller sowie Geschenke unserer Schriftsteller an ihre Leser/innen & alle Interessierten.

Wir wünschen Ihnen viel Freude beim Lesen.

Alles Gute für Sie und vielleicht bis bald,
Ihr Great Books 4You-Team

Haftungsausschluss

Der Autor übernimmt keinerlei Gewähr für die Aktualität, Korrektheit, Vollständigkeit oder Qualität der bereitgestellten Informationen und weiteren Informationen. Haftungsansprüche gegen den Autor, welche sich auf Schäden materieller oder ideeller Art beziehen, die durch die Nutzung oder Nichtnutzung der dargebotenen Informationen bzw. durch die Nutzung fehlerhafter und unvollständiger Informationen verursacht wurden, sind grundsätzlich ausgeschlossen, sofern seitens des Autors kein nachweislich vorsätzliches oder grob fahrlässiges Verschulden vorliegt. Alle Angaben wurden vom Autor mit größter Sorgfalt und nach bestem Wissen und Gewissen recherchiert oder spiegeln seine eigene Meinung wider. Der Inhalt des Buches passt möglicherweise nicht zu jedem Leser und die Umsetzung erfolgt ausdrücklich auf eigenes Risiko. Es gibt keine Garantie dafür, dass alles genau so, bei jedem Leser, zu genau den gleichen Ergebnissen führt. Der Autor und/oder Herausgeber kann für etwaige Schäden jedweder Art aus keinem Rechtsgrund eine Haftung übernehmen.

Urheberrecht

Literaturverzeichnis

Albert Mehrabian (geb. 17.11.1939), Psychologe und Professor, stellte die „55-38-7-Regel" auf.

Bandler, R. und Grinder, J. (amerikanische Psychologen und Entwickler des NLP).

Bandura, A. (1977). Self-efficacy: Toward a unifying theory of behavioral change. Psychological Review, (84), S. 191-215.

Cialdini, Robert B. (2013). Die Psychologie des Überzeugens. Wie Sie sich selbst und Ihren Mitmenschen auf die Schliche kommen können. Hans Huber, Bern.

Fehling, C.; et al. (2013). Kompakt-Lexikon Wirtschaftsinformatik 1.500 Begriffe nachschlagen, verstehen, anwenden. Springer Fachmedien, Wiesbaden.

Freud, Sigmund (1933). Neue Folge der Vorlesungen zur Einführung in die Psychoanalyse. Internationaler Psychoanalytischer Verlag, Wien.

Gable, S.; Haidt, J. (2005). What (and why) is Positive Psychology? Review of General Psychology, 9, p. 103–110.

Gabler Online-Wirtschaftslexikon; https://wirtschaftslexikon.gabler.de/definition/psychologie-44295 (25.12.2018).

Linley, P. A.; Joseph, S.; Harrington, S.; Wood, A. M. (2006). Positive Psychology: past, present, and (possible) future. The Journal of Positive Psychology, 8, p. 3–16.

Myers, D. G. (2014). Psychologie. 3., vollständig überarbeitete und erweiterte Auflage. Berlin, Heidelberg: Springer.

Schlüter, Hermann (1974). Grundkurs der Rhetorik. Dtv, München.

Schultz von Thun, F. (1933). Miteinander Reden. 1. Störungen und Klärungen. Allgemeine Psychologie der Kommunikation. Reinbek bei Hamburg: Rowohlt.

Schultz von Thun, F. (2006). Miteinander Reden. 2. Stile, Werte und Persönlichkeitsentwicklung. Differentielle Psychologie der Kommunikation. 26. Auflage, Reinbek bei Hamburg: Rowohlt.

Steinebach, C.; Jungo, D.; Zihlmann, R. (2012). Positive Psychologie in der Praxis: Anwendung in Psychotherapie, Beratung und Coaching. Mit Online Materialien. Beltz, Weinheim Basel.

Schwarzer, R. (2004). Psychologie des Gesundheitsverhaltens: Einführung in die Gesundheitspsychologie. Göttingen: Hogrefe.

Turner, T.; Loder, K. (1990). Ich, Tina. Mein Leben. Goldmann Wilhelm GmbH.

Wahrig, G.; et al. (2007). Wahrig-Fremdwörterlexikon. Wissen Media Verlag GmbH, Gütersloh/ München.

Impressum

GREGOR KRAFT, Psychology P.

1. Auflage 2019

Kontakt:
"Great-Ebooks4U"
c/o Bianca Kronsteiner
impressumservice.net
Robert-Preußler-Straße 13 / TOP 1
5020 Salzburg
AT – Österreich
greatebooks.4u@gmail.com

Covergestaltung: Marcel
Fotos: www.depositphotos.com

Printed in Germany
by Amazon Distribution
GmbH, Leipzig

16527585R00080